U0358610

# 问题学生诊疗手册

王晓春 著

上海著名商标 ECNUP

**华东师范大学出版社**

全国百佳图书出版单位

**图书在版编目（CIP）数据**

问题学生诊疗手册/王晓春著. —上海：华东师范大
学出版社，2013.5

（大夏书系·十年经典）

ISBN 978 - 7 - 5675 - 0818 - 7

Ⅰ．①问... Ⅱ．①王... Ⅲ．①后进生—教育
心理学—中小学 Ⅳ．①G444

中国版本图书馆 CIP 数据核字（2013）第 131275 号

大夏书系·十年经典

# 问题学生诊疗手册

| | |
|---|---|
| 著　者 | 王晓春 |
| 策划编辑 | 吴法源 |
| 审读编辑 | 朱　颖 |
| 封面设计 | 奇文云海 |
| 责任印制 | 殷艳红 |

出版发行　华东师范大学出版社
社　　址　上海市中山北路 3663 号　邮编 200062
网　　址　www.ecnupress.com.cn
电　　话　021 - 60821666　行政传真　021 - 62572105
客服电话　021 - 62865537
邮购电话　021 - 62869887　地址　上海市中山北路 3663 号华东师范大学校内先锋路口
网　　店　http://hdsdcbs.tmall.com/

印 刷 者　北京密兴印刷有限公司
开　　本　710×980　16 开
插　　页　2
印　　张　10
字　　数　125 千字
版　　次　2013 年 8 月第一版
印　　次　2015 年 11 月第二次
书　　号　ISBN 978 - 7 - 5675 - 0818 - 7/G·6558
定　　价　35.00 元

出 版 人　朱杰人

（如发现本版图书有印订质量问题，请寄回本社市场部调换或电话 021 - 62865537 联系）

# 先睹为快：本书精彩片段

在中小学，几乎每个班都有几个问题学生。他们是"麻烦制造者"，拖班级后腿者。班主任往往要把一半甚至更多的精力花在他们身上，然而收效甚微。他们成了教师的"心病"。……对于一般的学生，常用的管理方式如表扬、批评、关爱、评比等，就能奏效，而对于问题学生，这些办法往往没有效果。

教育问题学生，需要更专门的知识，需要会诊断，会治疗。

在许多老师看来，学生上课不听讲，就是"不想学"；不好好写作业，就是"没有认识到学习的重要性"；不守纪律，就是"成心捣乱"；早恋就是"思想复杂、肮脏"；成绩一下降，就是因为"松劲"了。总之，他们能把所有的问题都简单地、习惯性地归结为觉悟问题、道德问题、认识问题、是非问题，好像只要"认识"提高了，一切问题就都解决了。

既然我做"警察"不能解决你的问题，我就做你的"妈妈"试试。我关心你，我照顾你，我迁就你，我捧着你，"棒棒棒，你真棒"。你一感动，不就听我的话了吗？可惜这种办法只对少数问题生起作用。问题学生各有各的问题，想用千篇一律的爱解决形形色色的问题，显然是不行的。对爱不能迷信。……对于教育，爱只是一个必要和重要的条件，并不是充分条件。没有爱不行，光有爱也不行。

心理学研究告诉我们，孩子度过青春期的状态是各不相同的，有的轰轰烈烈，有的平平静静，有的稍有曲折。青春期孩子的注意力重点和精力发泄重点也各不相同，对异性的兴趣是不一样的，不是都表现为严重的性紧张。

有人在宣传，孩子迷恋网络，只要经过某专家谈话几个小时，就可以翻然悔悟，从此洗心革面。这种事也不是不可能，但据我自己多年的经验，这种好事是很少的，或许属于特例。……我处理过不少这种案例，很少速决，一般都是持久战。

校园专家是经过专门培训的人，每所学校至少应该有一个这样的专家。当班主任无能为力的时候，他们就要出马。他们不但要具有一定的心理学、教育学知识，而且要有较丰富的社会经验和教育经验。一旦出现问题，他们会研究，能诊断，有办法，是班主任的好指导员、好参谋、好帮手。

……

# 《问题学生诊疗手册》所赢得的赞誉

教育问题学生之所以不够奏效，主要是因为我们并没有耐心把问题真正地搞清楚，所以，也就谈不上对症下药。如果我们能认真读一下这本书，也许会帮助我们在找准问题学生病因的同时，也找到治病的药方。

—— 李希贵（《为了自由呼吸的教育》作者）

没有爱就没有教育，这是真理；有了爱，也不等于有了教育，这也是真理。前者告诉我们，教育的前提条件之一是对孩子的爱；后者提醒我们，教育仅仅靠爱是远远不够的，教育还需要智慧。在任何时代，人们强调的，总是当时所缺乏或者被忽略的。当教育之爱失落时，我们强调爱心；当绝大多数教师并不缺爱心而缺智慧时，我们渴望智慧。王晓春老师的《问题学生诊疗手册》正是一本为教师提供教育智慧的书。本书有分析，但不是抽象地谈理论；有案例，但不是单纯地讲故事。他用教育科学之利刃，冷静而理智地解剖着我们几乎每天都会遇到的一个个教育难题——其实，作者的教育之爱正倾注于对一个个教育难题的剖析之中。面对作者在书中列举的一个个具体的"问题学生"，读者会不知不觉地进入一种教育的情景，并忍不住和作者一起思考和探讨，进而情不自禁地想到自己的学生和自己的教育，在享受阅读快感的同时受到思想的启迪。打开这本书，我们便打开了教育智慧的"百宝箱"。

—— 李镇西（《爱心与教育》作者）

中国基础教育特别需要智慧型班主任。要成为智慧型班主任，

《问题学生诊疗手册》是必读书之一。

—— 万玮（《班主任兵法》作者）

听过许多人说的，读过许多人写的，看过许多人贴的，受益许多；我不能说谁的理论和办法更好，但我可以说王老师的理论和办法对我最好用，最合适。让我自信而自知，懂得勇往直前和适可而止。

—— zhangxiaoz（教育在线网友）

在王老师这里总是能看到一些让人耳目一新的话语，从不同的角度去分析，探讨同一现象下的不同原因，这是王老师的绝活啊！学习了~

—— 淡紫朝颜（教育在线网友）

追求教育的高度是一种美的享受。我想，就像王老师这样的教育专家也只是个相对高度。每每看王老师的案例分析，不仅仅是为了积累经验，更激发一种探求欲。

—— 小青菜（教育在线网友）

# 目　录
CONTENTS

# 自　序

教育有三种类型：权力型教育，道德型教育，智慧型教育。

权力型教育依赖权力，道德型教育诉诸师德，智慧型教育寄希望于科学。

这三种教育的差别，在教育行为陷入困境的时候，表现得最清楚。

你会发现，每当教育不见成效的时候，都会有人抱怨上级对教师限制太多，弄得教师"不敢管"了。他们的意思是，只有给教师更大的权力，给教师"尚方宝剑"，教师才能做好工作。在困难的时候，他们呼唤权力。这种人显然是权力型教育的信奉者。

你会发现，每当教育不见成效的时候，都会有人把原因归结为教师师德还不够高尚，对学生爱得还不够，责任心还不够，努力还不够。他们的意思是，只要教师个个成为楷模，只要师爱无所不在，只要教师拼命工作，就足以解决一切问题。在困难的时候，他们总是呼唤师德，呼唤师爱；学生问题越多，他们的道德高调唱得越高。这种人显然是道德型教育的信奉者。

迄今为止，我们的教育一直是以上述两种类型为基调和主流的。

我不否定这两种类型的教育，它们曾经起过很大作用，现在还在起作用，今后也有它的用处。

但是我以为，时代发展到今天，光有这两种类型的教育就太不够了。

权力型教育已经走到了尽头。在可预见的将来，教师的权力总的说来不会越来越大。一个提倡民主的社会，是要限制权力的，连官员的权力都要逐渐受限制，何况教师？"我说了算，我才敢管"的日子一去不复返了。

道德型教育也已窘态毕现。在这个物欲横流的时代，惟独要求教师做圣人，这本来就属于幻想，而对于师爱的鼓吹，也已经声嘶力竭了，再唱下去，不但调子高不上去，我看连新词都造不出来了。现实生活明白无误地告诉我们：许多孩子无论你怎么爱，也没法把他们爱成好学生。他们把老师的爱都吃掉了，长得更胖了。于是我倒造出一个新词来——"食爱而肥"。

权力型教育和道德型教育的焦头烂额，迫使我们想到了另一种教育方式——智慧型教育。它的主要特点是运用现代心理学、社会学等知识，冷静分析学生，进行诊断及治疗，或者从其个性特点出发，引导他们进步。在困难的时候，我们呼唤科学。这就是智慧型教育。

我不认为科学能解决一切问题，但是它能起"柳暗花明又一村"的开拓作用，它还可能在未来成为教育方法的主流，只要你承认教育是科学。现在几乎人人谈论教育科学，而我们平日的教育实践中到底含有多少科学成分，却很少有人追问。其实认真追问起来，恐怕我们所谓的"科学"，基本上是停留在口头，或者"展览"在几个课题中，如此而已。不提倡智慧型的教育，教育科学就可能永远是空谈。

我也不认为智慧型教育目前是一片空白。有些老师已经自觉不自觉地采用了这种教育方法，只是它还没有成为一股力量，它还不成体系，它还没有变成系统的、教师都可以接受的专业常识。一旦把它理论化、可操作化、适当规范化，师范学校和教师继续教育就可以讲授这些东西了。如果采用个案教学法，就可能大大提高教师的专业水平，提高教师应对学生问题的能力。

把权力型教育限制在最低限度，让道德型教育走下神坛，努力研究智慧型教育，充分发挥它的作用，我以为，这就是我们该做的事情。从某种意义上说，这是一次启蒙。

本书是研究智慧型教育的一种尝试。

本书以教师最头痛的问题学生为突破口，努力在这个问题上把智慧型教育理论化、具体化、可操作化，且适当规范化。

本书既可以看成教育问题学生的一本"医书"，也可以看成教师科学思维方式的培训教材。

这是探索性的工作，一定有很多缺点，欢迎读者批评指正。

愿意和我讨论问题的朋友，请到"教育在线网站·班主任论坛·王晓春交流平台"（http:// bbs. eduol. cn / dispbbs. asp? boardID =14 & ID =198364 & page =1）。

王晓春
2006 年 5 月 1 日

# 第一章　问题学生诊疗的基本思路

# 第一节　什么是问题学生？

## 一、问题学生的界定

问题生，差生，落后生，后进生，个别生，这几个概念相近。好像谁都知道说的是什么，但是又不很准确。这是一个模糊的概念。

我认为，要想把这个概念搞得十分准确可能是比较困难的，也没有太大的必要。我个人给问题学生的界定是：品德、学习态度、心理等方面，任何一个方面存在较为严重的问题即是问题学生，而问题学生一般都不只一个方面有问题。（本书为行文方便，有时也称之为问题生。）

单纯因为智力造成学习成绩不好的孩子，不能认为是问题生。问题生多数学习成绩不好，但成绩不好一般不是他们问题的起始原因。

一般好动和散漫的孩子，不宜认定为问题生。

## 二、问题学生的常见类型

### 1. 厌学型

此类学生的主要问题是厌学，学习成绩和学习心理都有问题，不听讲、不写作业，有的迷恋网络，有的干脆辍学，但品德方面无大问题。"只要不谈学习，就是好孩子。"

2．纪律型

此类孩子的主要问题是不守纪律，严重小说小动，易和老师发生冲突，对集体影响较大。学习成绩问题不大，品德方面也没有大问题。

3．品德型

此类孩子的主要问题在品德方面。如打架骂人，欺负同学，劫钱，小偷小摸，抽烟喝酒，与异性有不正当交往，与社会上不三不四的人有联系，离家出走，不孝敬父母等。他们多数学习成绩不好，不守纪律。这类学生多是"边缘生"，往往一只脚在学校，另一只脚在社会。

4．心理障碍型

此类孩子的主要问题在心理方面。如自闭，忧郁，退缩，躁动，有攻击行为，无法集中注意力，多疑，无法与他人沟通，等等。外向的有纪律问题，内向的不违反纪律。学习成绩多数不好。品德方面并无劣迹，有些问题貌似品德问题，仔细分析不是。

5．"好学生"型

在学校一般是公认的好学生，各方面都不错，问题处于隐蔽状态，常见问题有：双重人格，自我"消失"，自我中心，虚荣心，抗挫折能力极差。这种孩子有时会突然惹出大事，如早恋，出走，犯罪，自杀。

# 第二节　问题学生的三级处理

在中小学，几乎每个班都有几个问题学生。他们是"麻烦制造者"，拖班级后腿者。班主任往往要把一半甚至更多的精力花在他们身上，然而收效甚微。他们成了教师的"心病"。这是一些需要进行个别教育和特殊指导的学生。对于一般的学生，常用的管理方式如表扬、批评、关爱、评比等，就能奏效，而对于问题学生，这些办法往往没有效果。教育问题学生，需要更专门的知识，需要会诊断，会治疗。可是，多数教师缺乏这方面的知识和能力，于是他们往往碰钉子，甚至束手无策。

我的想法是，可以把问题学生分成三级。一级问题生的问题班主任就可以解决。二级问题生需要交给"校园专家"处理。校园专家是经过专门培训的人，每所学校至少应该有一个这样的专家，当班主任无能为力的时候，他们就要出马。三级问题生是问题最严重的，学校也解决不了，那就要交给社区社会工作者、心理医生、公安机关，或者教育系统专办的特殊类型学校（不光是工读学校）去教育。学校确实管理不了的学生，必须离开学校。但这不是开除，可以保留原校学籍，只是不能绝对自愿，否则很多家长是不会同意的。离开学校的学生要经过专家论证和有关单位批准，然而一旦决定，这个决定应该有法律效力，学生和家长必须执行。政府应该制定这样的法律条文。

有了这样一个系统，就可以大大减轻班主任的负担，使他们能把主要精力用来做多数学生的工作，避免被很多无用功搞得筋疲力尽，妨碍整体的教育效果。我们不能要求班主任都是专家，我们也不能指望单靠检查评比、奖优罚劣、"动之以情，晓之以理"这些最普通的管理方式能解决特殊学生的问题。班主任工作是有边际的，我们不能要求他们做力所不及的事情，不能要求他们去做不大内行的事情。现在教育界流行一个口号："没有教不好的学生，只有不会教的老师。"这就等于宣布教师万能，教育万能。其实即使是教育专家，也有对付不了的学生。所以这不是实事求是的提法。勉强这样要求老师，其结果是使他们耗费大量精力去办他们做不到的事情，而本来能够做的事情却没有精力去做，两头都没弄好。这不明智。再说，一味要求保护问题生的权利，实际上侵犯了大多数学生的学习权利，因为问题生往往会捣乱，影响他人学习。

比较明智的办法是分层把关。大家各自做自己擅长的事情，把确实做不了的留给别人，就好像县医院治不了的病人送到省城的医院，省城的医院治不了的病人送到北京的医院一样。

但是，我们总是希望尽可能把问题解决在第一层。否则，班主任把很多问题生推给学校，学校承受不了；学校把很多问题生推给社会，社会也承受不了。而且这样下去，班主任的教育专业水平也很难得到提高。我们不能要求每一个班主任都是教育专家，但是我们却希望专家型的班主任多起来。就好像乡镇医院医生的医疗技术如果都能达到大城市医生的水平，水涨船高，会推动大城市的医疗走向更高水平，那对我们整个社会医疗水平的提高该有多大好处！在这个意义上，可以说，班主任的素质决定我们民族未来的素质。

所以我主张对班主任进行系统的培训。既然他们在师范学校并没有学到处理问题学生的专业本领，那就应该补课。

# 第三节 问题学生教育的常见错误思路

我们首先来反思一下目前教育问题学生的通常做法，看看常见病有哪些。

## 一、没有研究学生的愿望，只有"管"学生的冲动

你会发现，许多教师遇到问题没有研究的愿望，他们感兴趣的只有一件事，就是"管"。你是什么样的学生我不问，你的心情我不问，你的感受我不想知道，反正你没有达到我的要求就不行，我就要用我熟悉的一套办法，软硬兼施，使你就范。这叫作"管理压倒教育"或者"管理替代教育"。按这种思路，教育永远不会走向科学，只能停留在最一般化的管理阶段，而且会越来越行不通。

## 二、不问"为什么"，只问"怎么办"

我给教师讲课，发现递条子提问的老师几乎全都问"怎么办"，很少有问"为什么"的。比如有个学生上课不听讲，老师就问"怎么办"。不知道不听讲的具体原因，怎么能知道对策？在这种老师心目中，好像凡是不听讲都可以用同一种方式解决似的。实在太缺乏分析了。

### 三、把任何问题都道德化，不承认学生的许多问题属于心理问题和能力问题

在许多老师看来，学生上课不听讲，就是"不想学"；不好好写作业，就是"没有认识到学习的重要性"；不守纪律，就是"成心捣乱"；早恋就是"思想复杂、肮脏"；成绩一下降，就是因为"松劲"了。总之，他们能把所有的问题都简单地、习惯性地归结为觉悟问题、道德问题、认识问题、是非问题，好像只要"认识"提高了，一切问题就都解决了。实际上并不是这样。学生许多问题并不属于道德问题、认识问题、是非问题，而常常是心理问题或者能力问题。心理问题和能力问题靠一般的思想教育方式是解决不了的，所以，每当教师用自己的错误方式不能解决问题的时候，他们就茫然不知所措了，只会埋怨学生不接受他们的教导，却不想想自己开的药方是否对症。

### 四、没有多种假设，只有简单归因

科学研究的基本方法之一是遇到问题提出假设（假说），然后加以验证。假说当然是多种比一种好。可是你拿学生的同一个问题（例如不完成作业）去问教师，你就会发现他们的归因很简单，而且说法差不多一致。既然原因这样简单，教育方式当然也就不需要因人而异了。所以"因材施教"不过说说而已，具体的教育行为，只是程咬金的三斧子，对谁都是一样的砍法。如果教师不学会遇事提出多种假设的科学思维方式，他们的工作方法就永远会是简单化、一般化的。

### 五、思维缺乏逻辑性

我经常和教师讨论问题。我发现不少教师的思维缺乏逻辑性。

很多人把教育论文当文学作品来写，抒情压倒分析，读完了激情燃烧，但是没有学到什么专业知识。至于文章思路漂移像侃大山的，偷换论题的，偷换概念的，前后矛盾的，不知所云的，也都很常见。没有逻辑肯定没有科学，没有科学就不可能总结出教育问题学生的规律，于是我们就看到许多教师高举"爱"的旗帜，高唱"爱"的颂歌的背后，说来说去，还是那几招。

## 六、工作方法主观化、情绪化

教师工作方法如此简单化，还有一个重要原因，就是他们常常非常主观，非常自我中心；遇事不调查，不询问，不给学生说话的机会，我说是什么就是什么，我感觉你是怎么回事就是怎么回事。情绪上来了，连是非和前因后果都不分，只强调态度。你提出不同意见就是不尊重我，你敢顶嘴就什么理都没有了，即使你说的是事实，我也不理。这种时候，教师不但失去了民主作风，而且完全失去了起码的科学态度，成了情绪型的不可理喻的人。用这种方式教育学生，或许一时可以把学生压下去，但是学生肯定不服，教师以后的日子肯定也不好过。

## 七、只会责备别人，不想反思自我

教师中埋怨成风。埋怨体制，埋怨领导，埋怨家长，埋怨学生。当然，很多埋怨都事出有因，而且有一定道理，但是教师往往只会埋怨他人，不反思自我，于是埋怨就顶多能起点缓解心理压力的作用，教师本人的能力无法得到切实提高，工作还会继续碰钉子，于是更增加了埋怨的理由，形成恶性循环。问题学生当然不是每一个都能顺利教育好的，教师必须经过诊断，搞清他的"病情"轻重，搞清我们到底能对他施加多大影响。没有这些基本的估计，其结果不是把自己的作用估计得过高，就是估计得过低。两种情况结果一样，都不能总结出真正能解决问题的经验。人没有实事求是的科学态度就不能"知彼"，没有反思精神就无法"知己"，既不知己，又不知彼，当然只能打败仗。而埋怨，也可以看成是对打败仗的推卸责任和自我辩解。

## 八、迷信权力，迷信管理，迷信说教，迷信惩罚

多数教师虽然嘴里大谈对学生的"爱"，其实真正教育学生的时候，他们更相信的是权力，是批评和惩罚，是检查和评比，同时也往往伴随着大量的公式化的说教。他们的教育方法中最缺乏的是对具体问题的具体分析，最缺乏的是对个案的诊断和治疗。他们的教育方法缺乏个性，他们的办法是万金油，几乎用在什么人身上、什么病症上"都可以"。他们的权力对所有学生都造成压力，他们的管理"一刀切"，他们的说教是"普遍真理"，他们的惩罚也一共就是那几样。

教师不是讲课的吗？讲习惯了，很多老师就形成了一种职业病，什么问题他都想靠"讲"来解决，美其名曰"说服"。无论出现什么问题，他都会讲一通，其实他的那些话学生都快背下来了。这种老师不知道，教育绝不是只靠语言进行的，即使需要说，也应该说点对症下药的话，不能总是老生常谈。显然，这里连"技术"含量都不高，更不用说"科学"了。

## 九、惩罚不见效的时候，又转而迷信"爱"

当所有这些硬办法都不解决问题的时候，许多老师就又转而采用软的一手，那就是"爱"。既然我做"警察"不能解决你的问题，我就做你的"妈妈"试试。我关心你，我照顾你，我迁就你，我捧着你，"棒棒棒，你真棒"。你一感动，不就听我的话了吗？可惜这种办法只对少数问题生起作用。问题学生各有各的问题，想用千篇

律的爱解决形形色色的问题，显然是不行的。对爱不能迷信。教师对孩子的爱，无论怎样热烈，通常也超不过家长。如果爱能解决一切问题，孩子应该更听家长的话呀，事实上完全不是如此。可见，对于教育，爱只是一个必要和重要的条件，并不是充分条件。没有爱不行，光有爱也不行。

## 十、学校管不好，不切实际地寄希望于家长

很多老师都以为"请家长"是自己手里的一张王牌，束手无策的时候，就会想到家长，好像家长是救星。这种老师也没想想：家长就一定比您高明吗？您没有办法，为什么家长就应该有办法？他们的素质一定比您高吗？他们的威信一定比您高吗？他们的办法一定比您多吗？想用家长管住孩子的办法，太天真了。教师心中可能有一句潜台词："我作为教师，只能说服，不能采用非常手段。你家长可以呀！杀手锏在家长手里。"然而事实是，问题生之所以成为问题生，十之八九是家庭教育严重失误造成的。想来家长一定用过多次"非常手段"，要是管事，早就管事了，要是不管事，再用也还是不管事。大多数问题学生的家长对孩子已经失控，他根本管不了孩子，他还指望老师把他的孩子弄好呢。所以，如果教师明知道请家长来没有用，就不要请。请来无非是告状，告状之后无非是家长回家把孩子打一顿，这只能增加学生对教师的仇恨，增加以后工作的困难。不要希望问题生家长能给教师多大帮助，更不要幻想教师解决不了的问题可以由家长解决。家长有那个水平，孩子是不会成为问题生的。

但是我的意思并不是说可以不理家长。有些必须通知家长的事情，是要告诉他们的；需要他们配合的事情，是可以和他们商量的；指导他们少犯一些错误，对学校教育是很有利的。我的意思只是说，教育问题生，教师必须把基点放在自己身上，对家长既不要埋怨，也不要抱不切实际的希望。

# 第四节　问题学生诊疗的正确思路

## 一、遇到问题，先稳住事态

问题学生是善于制造问题的人，他们特别容易招老师反感，惹老师发火。他们一向不是"省油的灯"，老师本来就对他们没什么好印象。他们惹是生非，教师就特别容易急躁、失控。经验告诉我们，对待问题学生，只要教师一急躁，就容易把事情弄僵，陷入被动。人在激动的时候，很难理智地思考问题。问题生也多是不善于控制自己感情的，他们冲动起来，可以忘乎所以，老师若跟他们对着干，不但没有效果，而且有失身份。所以对问题学生进行诊疗，前提是教师要冷静。一般说来，问题生发生的问题，大都不适合"热"处理，要先放一放，等大家都冷静下来，再处理不迟。问题学生往往是咄咄逼人的，所以教师一定要学会一些体面地下台阶的招数，以便随时"撤出战斗"，让对方的怒气"再而衰，三而竭"，然后再教育他们。只有应变能力很强、威信很高的教师，才可以考虑对问题学生采用"强攻"和"速战速决"的办法，其他老师最好暂时"撤退"（注意，是撤退，不是败退。不恰当的进攻，反倒可能导致败退，连撤退的机会都失去了），等待时机"反攻"。

## 二、不急于作是非判断和道德归因

很多老师遇到问题生出问题的时候，总是急于告诉他们："你这样做是错误的，是不应该的。"这叫作是非判断，道德归因。经验告诉我们，这类"教育"基本属于废话，做无用功。请问哪一个问题生不知道上课不听讲、回家不写作业、迟到旷课、打架骂人、偷东西、迷恋网吧这些行为是错误的？全都知道。他们基本上是明知故犯。为什么明知故犯呢？这才是我们要研究和解决的问题。如果教师以为问题生之所以犯错误是因为他们没有认识到这是错误的，一旦认识到了就会改正，那他的基本思路就错了。这种思路会阻碍他去研究和诊断，而把精力都用在无用的说教方面。解决问题生的问题，当然总要分个是非，但是不可以从分清是非入手。正确的方法应该是：他犯了错误，我先不说他对错，而研究他为什么会犯这个错误，是什么力量推动他非这样做不可。搞清他的思路，我才有可能下次在适当的地方切断他的错误思路，避免他重犯错误。这才是诊断和治疗。作是非判断是很容易的，一般不需要专业能力。谁不知道打架、骂人不对？教师要证明自己是一个真正的专业人员，就应该少在判断是非上唠唠叨叨，而应该在诊疗上下工夫。

### 三、　不搞"态度挂帅"

问题生闯祸的时候，常常顶撞询问或干预的老师，态度很没礼貌，有时近于蛮横。老师出于自尊或者碍于面子，就可能怒火万丈，不顾一切地要压倒问题生的气焰，打掉他的恶劣态度。这种心情是完全可以理解的，但是弄不好会转移教师的注意力，从此教师就不可能冷静地调查问题和分析问题了，教师的身份就会蜕变成学生的吵架对手。不得已，只好由第三方（政教处或校长）出面解决。我把教师的这种思路称之为"态度挂帅"。

学生必须尊重老师，这是没有问题的，这是一种社会规范。学生如果对老师无理，必须道歉，但是此事不必着急。你不能要求学生在气头上立刻道歉，这违反人之常情，通常人们道歉都是冷静下来之后的事情。还有一个问题是，教师也是人，他在气头上也会说过头话，做过头事，比如骂了学生，甚至打了学生。这时候你强迫学生向教师道歉，学生会说："那他还骂我了呢！他为什么不道歉？"这就不好办了。学校领导如果非要强迫学生当时低头，就有偏袒教师之嫌。

所以，问题学生出了问题，即使他态度不好，我主张也不要急于"打态度"，要先调查事实。你会发现，当你平静地向他询问事实经过的时候，他的恶劣态度就会很快降温，当然，你不要用"审问"的口气，而要用"询问"的口气。事实澄清了，是非分清了，学生只好承认错误。经验告诉我们，他承认错误之后，顺水推舟再让他向老师道歉，就很容易了；学生正在气头上你让他道歉，则如逆水行舟。学生道歉之后，如果老师确有不当言行，侮辱了学生人格，也要向学生道歉。在这一点上，大家是平等的。

## 四、 先问"为什么"，而不是"怎么办"

问题生出了问题，教师的第一反应太重要了，正是这第一反应决定了教师后来行动的方向。比如教师的第一反应是："又是他！"教师肯定就要冲学生发脾气。教师的第一反应是："他昨天刚对我做了保证，今天就故技重演。这个骗子！"教师肯定劈头就要谴责学生不诚实。教师的第一反应是："这可怎么好呀，我真的无能为力了！"他对学生的态度就一定显得很厌恶。上述几种态度，其共同特点是不会引导教师去研究问题，只会激化矛盾，无助于问题的解决，无助于教师专业水平的提高，无助于教师的心理健康。

我主张教师遇到问题生出问题，第一反应最好像科学家见到不明飞行物的照片一样，怀着好奇心问道："这到底是什么现象？为什么会出现这种现象？"这种反应导向冷静，导向询问和研究，最有利于问题的解决，而且对教师心理健康大有好处。我个人有这方面的体会，问题学生的言行，有时确实令人反感和厌恶，教师有这样的心态也属正常，但是这种心态不利于工作。我发现，当我冷静地把他当作一个研究对象的时候，我的反感和厌恶立刻就减轻了，因为你不大可能讨厌你希望了解的东西。好奇心能冲淡厌恶。认知欲望越强烈，态度就越冷静。科学家就是如此。

所以，教师要激发和强化自己的认知欲望。不要觉得自己了解学生，而要实事求是地承认，我们对学生的心灵世界知之甚少。如此，我们面对问题生的问题，第一反应就是充满探索精神的"为什么"，而不会是情绪主义的义愤填膺和管理主义的"怎么办"，这样，我们的思路就对头了。

光有第一个"为什么"是不够的，后面要紧跟着一连串的"为什么"，要不停地追问。比如一个学生早恋，我就好奇地问：他为什么会早恋？初步结论是，他想表现自己。为什么他用这种方式表现自己？结论是他其他方面缺乏优势。其他方面真的就没有优势吗？经研究并不是。于是我就全力找到他可以出风头的领域，给他机会，于是他的早恋就可能降温，因为他有了自我实现的新途径。没有"为什么"就没有研究，没有接连不断的"为什么"，就不会有真正的研究成果。

## 五、了解情况时，行动观察法与心理测验法双管齐下

了解学生情况，最常用的方法自然是观察法。但是请老师们注意，千万不要迷信自己的眼睛。教师和学生接触，一般都是在正式的场合，上课呀，学校组织活动呀，等等。其实学生性格的最真实的表现，往往在非正式场合看得更清楚，在同龄人中看得更清楚，在游戏中看得更清楚，而后一种观察视角一般是教师所缺乏的。这就是为什么有些学生出了事情，教师惊诧莫名，百思不得其解，而同学却觉得不奇怪，因为学生知道他的底细，而教师是被蒙在鼓里的。无论成人还是孩子，在正式场合的表现，在上司面前的表现，总难免有些表演的成分，有些人还演得很熟练、很投入，所以，从"官方"角度往往最不能得到真实情况。可见，采用观察法，要特

别注意学生在非正式场合的表现，还要注意通过学生了解学生。学生有学生的视角，他们的观察往往对教师帮助很大。

观察之外，也可以适当搞点心理测验。我常用的心理测试方法是：小学生用画图法，中学生用词语联想法，中小学生都可用早期记忆回忆法和释梦法。

我常用的画图法主要是让小学生画一棵果树，画他现在的自己和 20 年后的自己，画全家福，从中可以捕捉大量信息。比如画果树，有没有树根，树干是直的还是弯的，树冠的形状和大小，树上果子的位置、多少、排列顺序，整个画面的设色，背景处理，所有这些，都在向你泄漏他心中的秘密，只要你会解读。

词语联想法是随便找一个词，让中学生把从这个词联想到的词按顺序写下去，写 20 个。做三次。然后把这 60 个词放到一起研究，你就会发现它们有一定的规律和倾向。任何人都绝不会对所有的词汇印象同样深刻，他的选择就暴露了他的智力取向、情绪状态甚至人格特征。

早期记忆回忆法中小学生都可以用，让学生追寻自己的记忆，一直追到最初记忆（年龄因人而异），让他把记忆的画面和自己当时的感觉叙述出来。这非常重要。早期记忆包含的信息极其丰富，甚至可以说，它是个人精神发展的胚胎，我们从人的早期记忆中往往能解读出他一生发展的大方向和基本特点。

释梦也是中小学生都可以用。人的梦，特别是重复出现的梦，对了解人当前或某一阶段的情绪很有用。但是注意，这里的释梦不是迷信的"圆梦"。梦是灵魂的窗口，不是上天的预兆。

画图，词语联想，早期记忆回忆，释梦，这些检测方法操作起来都很简单，难的是解读。解读这些材料，不但需要有一定的心理学知识，而且需要丰富的生活经验和较强的逻辑推理能力，有时还需要询问学生本人。

下面我们举个例子。

有一位署名阳光 X 的老师在"教育在线"网上，向我介绍了下面这样一个案例，并征求我的意见：

上周二，踏着铃声，我像往日一样走进教室，师生互相问好后，却发现倒数第二排一张课桌前依然站着三名男生，他们前边的座位却空着一个。这三位，正是平时班上表现不好的学生，其中一位座位本该在前边的。于是我说："孙（以下称小孙），请你先回到你的座位上去。有什么事，下课后再说。"没想到他却不动。我有点生气了，加重语气再说了一遍："请你先坐到你的座位上去，大家还要上课，你们三个挤到一块怎么行！"他嘀咕了一句："张老师让我坐到这儿。"我说："不管谁让你坐到那儿，现在是语文课，你暂时先坐到你的原座上！"然而，他就是不动窝。我的火就窜上来了，边走向他们那边，边说："你动不动？"他还真来了一句："不去，我就坐这儿！"当时，我真想上去把他拽出来！但我还是强压怒火，告诫自己："冷静，别动手。"僵了几十秒吧，我给自己找了个台阶："看来我不能管你了。但大家还要上课，课代表，请班主任去！"

班主任把他们三个领走了。我继续上课，过了一会，他打报告，进来到座位上拿了书，站到讲台边听课，直到下课。课后，我把他叫到办公室，问他："知道自己错在哪儿了？"他很爽快地承认了错误，当即保证不会再犯。根据班规，违反纪律要写说明书的，按说应写 1000 字，我见他认错态度挺好，就说："你把事情经过写清楚，把你的认识写清楚，说明以后该怎么做就行了，字数就不做限定了。明天在全班同学面前读说明书就可以了。"第二天，事一多，他没交说明书，我也给忘了。

到星期四的课上，我们在阶梯教室上课。课到中途，监督员向我报告，小孙又在说话，说了他几次，都不听。我一听，就说："小孙，请坐到前边来。"因为他个子矮，原本在第二排坐着，星期一迟到才被罚坐到了倒数第二排。我想让他坐到前边，与另外两位爱说的分开，刚好多媒体教室前边靠过道有好多空位。可他老毛病又犯了，又是一个"我不去，我就要坐到这儿！"噎我个半死！我心想，今天非教训教训他不可。我喝令他旁边的人让出来，他这才慢吞吞地站起来，站到了最后边，依然不往前边去。我说："好，你要得大，你把这课上了。"我气愤地走出了教室，到年级组办公室向班主任简述了情况，并说我得见见他的家长。班主任叫走了他，我才继续上课。

下课后，我进了办公室，发现小孙站在我办公桌前。我说："你到这干啥?"他说来向我承认错误，我说："你前天才承认了错误，做了保证，今天又犯。我已不相信你了，请出去，请你家长来跟我谈。"我将他推出了办公室。

第二天，我和家长进行了一次艰难的谈话。我这才了解到，这孩子和其他科任老师早就有过类似冲突，甚至曾与数学老师扭在一起，也多次与班主任顶嘴。在家也和家长顶。他自小就因习惯差、上课爱说爱闹，常被请家长。家长十分头痛。（有删节）

我在回复中建议阳光 X 老师研究一下这个小孙对前面的座位为什么那样反感，而对后面的座位为什么那样钟情。这里面必有他的心理活动。

阳光 X 老师回复说：

我与小孙谈了，他自己说不愿坐到前边的原因是最近在后边习惯了，坐到前边不习惯。至于顶撞我，第一次是因为我冤枉他了，因为是班主任让他坐到后边的，而另一名同学又不愿往前坐，他们才挤在一块的。第二次他说他也不知道。

阳光 X 老师还对小孙做了心理调查（词语联想和早期记忆回忆）。以下是调查结果：

［词语联想］

第一组词语：幻觉、睡觉、母亲、我、上学、同学、老师、跑步、上课、放学、吃饭、聊天、打篮球、上课、说话、回家、吃饭、看电视、写作业、整理文具第二组词语：开灯、关灯、打篮球、回家、吃饭、看电视、写作业、母亲、父亲、奶奶、小姑、办公室、打篮球、母亲、学习、成绩、学习、玩游戏、孙善意、QQ

第三组词语：少年、青年、中年、工作、家庭、人员、看书、少年、学习、母亲、挨骂、后悔、学习、高分、高兴、低分、难受、挨骂、后悔、生气

[早期记忆回忆]

印象中最早的画面：在我小的时候，我还不会走路，我的家人——妈妈、爸爸、姨、奶奶、小姑都带着我在我们的院子里教我走路。我妈妈弯着腰，拉着我。

下面是我对这个心理调查的分析：

学生小孙的这个词语联想，给我的初步印象是：

1. 生活面窄，眼界窄

语汇很贫乏，流水账一样，而且基本不离眼前的生活场景。联想面很窄，说明眼界可能比较狭窄。

2. 语言表达能力差

初二的学生词语联想写成这个样子，估计他的语言表达能力可能较差。语言表达能力差的孩子容易用行动和人顶撞，因为他有话说不出来，心里着急，就容易发火，语言不够用，只好用行动说话。

3. 思维能力不强

请注意他从一个词联想到另一个词，多是时间性关联和生活性的因果关联，很少有逻辑性的关联。据此我初步判断，这个学生的思维能力不强。他可能是一个头脑简单的孩子。从他和老师顶撞的情节来看，确实也缺乏心计，缺乏城府，不够"水平"。这种学生虽然可能使老师头痛，但并不是"劲敌"。我以为对这种学生，大可不必剑拔弩张。

4. 恋母

三组词语中都出现"母亲"，早期记忆中母亲也是主角，感觉这个孩子可能很恋母。恋母并不一定听母亲的话，但是离不开母亲，心

理年龄偏低。这种孩子，或许会更听温和的女老师的话。

总的说来，他的行为像是"不懂事的小学生误入了中学课堂"。

他的早期记忆中，全是家人，人挺多，而且大家都围绕着他，都为他服务，母亲是主要人物，地点也是家的院子，说明这孩子可能喜欢人多的场景，尤其喜欢大家都围绕着他的场景。注重人际关系，依赖他人。

如果以上判断比较合乎实际，则可以推导出以下对策：

1. 鉴于他心理年龄小，遇事可以用讲故事、打比方的办法给他讲道理。跟他讲道理，一旦发现他走神，应该立刻停止，他可能听不懂。

2. 建议他的家长监督他每日朗读一段书报，以丰富他的词汇，扩大他的眼界，训练他的思维。

3. 关于座位问题，可以考虑让他自己选一个同桌（女生？），条件是必须听这个同桌的指挥，上课不准说话（其实少说点就行了）。

4. 有讨论的机会，鼓励他参与，鼓励他发言，班里有活动，鼓励他参加，以满足他的人际交往需求。

5. 这种学生心眼像个短短的小死胡同，他和老师顶撞，老师千万别着急发火，要问他怎么想的，要教他用语言把自己的想法清楚地表达出来。比如他第一次和老师顶撞，老师如果耐心听他解释，他就可能说清："这个座位是班主任叫我坐的。"老师于是可以就势说："我不大清楚你们班主任的安排。可是班主任不可能让你们三个人坐两个座位，空出一个没人坐呀？现在要上课，你们说怎么办？"然后可以找出三个人中一个比较好说话的孩子暂时去坐那个空座位，课下再找班主任解决。阳光 X 老师非要当场跟他较劲，结果把事情弄麻烦了，还降低了自己的威信（请班主任出马，当然会降低任课教师威信）。语曰："宁跟明白人打一架，不和糊涂人说句话。"这种孩子糊涂，一根筋，这就要求老师要灵活一点。要知道，学生跟老师犯起浑来，损失大的还是老师，因为学生是孩子！

这种学生，让他写保证书恐怕没有什么用处（明白人、说话比较算数的学生、比较有毅力的学生，写保证才有用处，小孙显然不是），徒费时间，不如让他把每次犯错的思路口头梳理几遍，或许可以使他逐步学会审视自己的思想，使他头脑越来越清醒。头脑清醒了，就通情达理了。

## 六、横向、纵向全面了解学生情况

有一位刚当高一班主任的年轻老师问我："我班有个不好的风气，不少学生比较浮躁，科任老师反映课堂上过于活跃。我在全班口头教育过几次，个别也谈了话，可是起不了多大的作用。不知道该怎么整顿才有切实效果。"

我答道："您别着急，会有办法的。但是您得先研究情况，办法应该产生于研究之后，而不是研究之前。建议您研究一下这些学生现在最热衷的话题是什么；他们对个人前途有没有设计，如果有，是什么；他们对老师的看法是什么；班里浮躁的学生占多大比例，相对踏实的学生有多少；哪门课更浮躁，哪门课相对踏实一些；这个班是一进校就浮躁还是后来才浮躁起来的；这些学生在初中表现如何；平行班是否也有浮躁现象；贵校是什么类型的学校；贵校学生家长的职业结构和文化水平结构如何。这些问题不清楚，您的解决办法就只能是千篇一律的老套子，很难对症下药。"

我这里谈的是一个教师的基本功，遇到问题，学会展开来思考，采取措施，必须在分析研究和诊断之后。我发现相当多的教师遇到事情没有把它展开来调查研究的习惯和方法，他们只有现成的几种应对方法，不管三七二十一用上去，不能解决问题，就瞪眼没有办法了。我们把这种情况叫作"没思路"。没思路比没办法更可怕，因为前者决定着后者。所以，要切实提高教师的专业水平，必须结合具体案例进行思维训练，重新培养教师的思考习惯和能力，帮他们找到思考的门径。

## 七、确诊前，要提出多种假设

问题生经常发生的问题有多种，每一种问题（例如上课不注意听讲）产生的原因也有多种。一位优秀教师必须做到：一发生问题，他脑子里就像打开一个电脑文件一样，会弹出有关这个问题的多种可能原因（假设），一条一条摆在那里。有了这样一个参照文件，教师就可以把眼前的学生和这个文件上的描述一一比对，如果发现有吻合之处，该生可能就属于这一类学生，那么自然也就可以初步诊断了。

举个例子。几个学生午饭后在讲台前玩耍，不小心打翻了一个同学忘在那里的一瓶矿泉水，毁了电脑键盘。教师询问是谁干的，没有人承认，又问过程，大家七嘴八舌说不清楚。于是教师就教育大家要诚实。最后还是没人承认，教师很失望。这位教师的毛病在于，他面对问题时没有进行多种假设，而是简单地做了一个单项归因。实际上，他脑子里早就有如下思维定势：凡事总有个是非，教师必须教育学生分清是非；学生有错不承认，必定是不诚实。然而，这两种思维定势都是经不起科学论证的。

事实上，学生中发生的事情，既有鲜明的是非问题，也有模糊的是非问题，还有不是不非的问题。有相当多的问题属于心理问题甚至正常现象，也都被教师一本正经地当作是非问题来兴师问罪，结果往往是学生一脸茫然，教师越说越气，猴吃麻花——满拧了。

上述"键盘事件"就可能不属于鲜明是非问题，而是一个模糊是非问题。教师非要找出"元凶"，没人承认就断定有学生不诚实，我以为这也太简单化了。完全可能是大家谁也没看清楚，肇事者自己也糊里糊涂。当然，也可能是有人看见了，不敢说；也可能是打翻水瓶的人怕赔偿不愿说。教师应该估计多种可能，而不是只从道德角度，认定一种可能。看问题，光有道德视角是不够的，还要有科学视角。要做多种假设，才能少犯错误。

## 八、确诊时，一定要使自己的初步结论合乎逻辑，经得起推敲和质疑

有一个学生常常动手打同学，教师把它归因为父母关系不好。我就对他说："父母关系不好的学生很多，为什么别人没有攻击性，偏偏他有？这里面一定还有其他因素在起作用。"有的老师把学生偏科归因为学生对这个学科没有兴趣，我就对他说："学生很难对所有学科都有兴趣，既然如此，为什么有的学生门门都学得不错呢？可见偏科不完全是缺乏兴趣造成的。"这类情况，当然属于思维不够严密，但不只如此，还应该承认教师缺乏最基本的科学思维方式——反驳。科学离不开反驳。所谓研讨，所谓论证，其实都是不同意见的互相反驳。一个真正严肃对待学术问题的人，他在思考问题的时候，根本不用等别人来反驳，他自己就在反驳自己，自始至终地反驳自己。他会有意识地寻找反例来推翻自己的结论。当他发现一种新情况是自己的结论无法解释的时候，他就会提出新的假说来解释新现象，然后继续用事实验证和反驳这个新的假说。这就是科研的思路。轻率地得出一个结论，得出结论后自己不反驳自己，别人提出反例也不在意甚至不高兴，这种人，无法搞科研。

## 九、确诊时，要首先考虑问题在谁身上，以免某人得病，他人吃药

学生问题的根源当然都在家庭，但是具体到某一件事，家庭却可能没有什么责任，是老师把事情办坏了。我们在分析问题的时候，一定要搞清主要的毛病出在哪里，才能决定解决问题的突破口在哪里，主战场在哪里。现在比较普遍的问题是，学生出了问题，教师常常不分析、不反思，把一切责任都推到学生和家长身上，这就很难解决问题。也有很多时候，问题确实是出在学生和家长身上，但是导火索却是教师言行不当，教师如果小心一点，炸弹本可以不爆炸的。教师若

不善于总结经验，就总会"主动"踩地雷，这显然是不明智的。

事实上，学生的问题有很多都与教师有关。比如本书第二章诊断学生"顶撞老师"问题，总结了12种原因，其中就有6种问题在教师。在这6种情况下，如果教师一味指责学生或家长，问题就永远解决不了。

## 十、确诊后，一定要有具体的、因人而异的治疗措施

本书第二章专题研究了14个问题，每个问题都进行了细致的分类，每一类问题都提出了具体的治疗措施。但是，限于本书的任务（本书不是个案研究），只能做到因类而异，无法做到因人而异。当教师面对一个具体问题时，当然可以参考这些类别进行分析，但是一定要注意"这一个"的特点，即使他具备某一类学生的典型特点，符合一般规律，也要根据具体情况做一些微调，大同之外要有小异。总之，在确诊之后，开出的药方最好只适合他一个人。

## 十一、根据治疗效果的反馈来评估自己的诊疗并随时修正之

任何医生都不敢保证自己开的药方绝对准确，他会根据医疗效果的反馈来调整自己的治疗方案，或者增减药量，或者改动药方，甚至推翻原有结论重新诊断。教师处理问题生的问题，也是这样。采取措施之后，要密切注意学生的动态，观察治疗效果，以便随时调整自己的思路和措施。要特别注意的是，教育与医疗有很大的不同，教育一般收效要比医疗慢得多，而且影响教育的因素要更复杂，所以，当教育没能很快取得成效的时候，教育者不要轻易断定自己失败了，要从多个角度仔细研究后再做结论。

以上是本书的第一章，主要讨论教师观念转变问题。这是前提。没有这个前提，即使告诉教师很多具体招数，运用中也完全可能走形，或者成为新的框框。下一章，我们就要遵循第一章提出的理念，一个一个地讨论老师们经常遇到的令人头痛的问题。

# 第二章　专题研究

# 第一节 纪律问题

## 一、顶撞老师

学生顶撞老师，这是教师最恼火的事。校园里有很多事情，本来并不严重，但只要学生顶嘴，或者出言不逊，问题就会闹大，有时甚至会弄得不可收拾。

老师们面对这个问题，常见的办法有两个。第一种办法是把学生压下去，让学生服软，让学生检讨，让学生道歉。老师气消了，问题就算解决了。这种思路的主要特点是"态度挂帅"，也就是说，不论是非曲直，不讲孰因孰果，一把抓住学生的态度不放。这等于说，只要你一和老师顶嘴，你就什么理也没有了，或者即使你还有点道理，也得等到你承认错误后再说。"态度第一，事实第二。"我以为这不符合科学精神。比如一个学生被老师冤枉了，学生情急之下说了几句不礼貌的话，应该怎样处理？应该先把师生二人分开，然后核对事实。若老师确实冤枉了学生，那应该先给学生洗清"罪名"，然后再告诉学生，你这样对待老师是不礼貌的，你应该道歉。而学生向老师道歉的时候，老师也应该向学生道歉，因为你冤枉了孩子，这个错误比起孩子不礼貌来，要更严重。总之，应秉承"事实第一，态度第二"的原则。压服学生的办法，最大隐患是学生很可能口服心不服，甚至可能恨老师，于是就为下一次冲突埋下了伏笔。学生也是人，片面地要求学生让步是不对的，这不平等，也不公正。

第二种办法是要求教师提高修养，打不还手，骂不还口。学生是孩子，教师是大人，要求教师比学生更有修养，更善于制怒，这自然有道理，但是得有个限度。别忘了教师也是人，他不是圣人。如果受到人身攻击，他难道就没有权利捍卫自己的尊严吗？这说不过去。作为学校领导，一味迁就学生，片面要求教师忍辱负重，这同样是不平等、不公正的。这样能感动学生吗？经验告诉我们，往往不能。很多问题生看到教师如此好欺负，会更加嚣张，这等于助长歪风邪气。而且长此以往，势必损害教师的心理健康。忍耐呀，忍耐呀，一旦忍耐不住，就会突然爆发。我们见到有些脾气特别好的教师某日突然一反常态，对学生施暴，常常就是这样造成的。也有的老师心里的委屈和怒火长期得不到释放，最后走向崩溃。

可见，上述两种办法都有问题。你会发现这两种办法虽然各走一个极端，但是在一点上是相同的，它们都不问青红皂白，拒绝分析具体情况，而死板地按照一个固定的路子工作。正确的做法是具体分析，是谁的问题就解决谁的问题，这样双方才能都服气。

学生为什么会顶撞老师呢？常见原因如下：

1. 老师冤枉了学生

很多教师都有一种很不好的习惯，自以为看见了学生的缺点，不问青红皂白，不调查研究，上来就批评制止。有时无中生有，有时张冠李戴，有时主次颠倒（"主犯"逃脱，"从犯"挨批），有时甚至是非颠倒（做了好事反挨训）。

这是学生顶撞老师的最常见原因。这种例子不胜枚举。

解决这个问题的办法很简单，教师开口之前，先询问一下，调查一下，就可以避免很多师生冲突。可惜很多老师就是做不到，他们的借口是时间来不及，我看这个理由站不住。比如一位老师因为缺乏调查研究冤枉了学生，学生不承认，师生就吵起来了，一吵就是半堂课，你能说他没有时间吗？这半堂课的时间若用来查清事实，完全够用。可见，教师不去调查研究，主要原因并不是时间不够，而是主观上缺乏科学态度。他的意思是：只要是我说的话，不管对错，你给我好好听着就是了，怎么敢顶嘴！这不是民主作风。有这种作风的老师今后会越来越多地碰钉子。

2. 老师不公平

教师处理事情不能一碗水端平，胆大的当时就要反抗，胆小的不说话，但是心中有数，聚集起来，总有一天要爆发。注意，有些不公平是非常明显的，有些不公平则是教师自己都很难意识到的。比如好学生答错一道题教师表示遗憾，而差生答错同样一道题，教师就会生气，这叫作习惯性不公平。教师应该经常反思各种不公平，尽量减少它。

3. 老师提出了学生做不到的任务

比如教师留的作业把多数学生搞得夜里 11 点才能睡觉，这会使学生非常焦虑。当然，多数人敢怒不敢言，然而也可能有敢怒敢言者，他们就会顶撞老师。教师以为这个学生捣乱，其实他的态度代表了很多学生的态度。不信你观察学生的表情，会很明显地看出，顶嘴者替他们说出了心里话，使他们有些快意。这种事情如果教师不加觉察，一意孤行，那是很危险的。某校一位初三的老师就发现学生毕业的时候都拒绝与她合影，集体抗议。后来一打听原因才知道，她平时留作业、罚作业太狠，学生早就恨死她了。这位老师可能会很委屈、很寒心，自己辛辛苦苦怎么如此下场。我则认为，留作业考虑学生的承受能力，这是起码的科学态度。连起码的科学态度都没有，一味以"恨铁不成钢"自居，如此说来，任何官僚主义者都可以免受指责了，他们都可以拿"我是好心"来当挡箭牌呀！

4. 老师讽刺、挖苦学生，伤了学生自尊

这也是学生顶撞老师的常见原因之一。有些老师自己非常爱面子，却不给学生留一点面子，说话非常尖刻，几乎让学生无地自容。他们还自以为得计，因为这样确实可以使很多学生害怕老师。其实，这是一种语言暴力，很不文明。教师当然有权批评学生，但是不能侮辱学生人格，正像学生不可以侮辱教师的人格一样。教师应该注意，用损人（讽刺、挖苦人）的办法控制学生不是正路，也不是真本领，而且早晚有一天，碰到个性强、胆子大的学生，会以其人之道还治其人之身，那时候教师会大丢面子的。有些学生背后骂老师骂得很难听，当面却装得老实，可能就是遇到了这类老师。

不尊重学生人格，是教师素质不高的表现，也是教师思想懒惰的表现。他们遇事懒得调查研究，以为用语言暴力一压，就可以使学生就范，殊不知这只是掩盖了问题，甚至加剧了问题，并没有解决问题。

5. 老师要请家长

经验告诉我们，有些学生你怎么批评他都能忍受，但只要一谈到请他的家长，他就好像失去了理智，跟老师大吵大闹。为什么？可能孩子的家长是暴力型的，学校只要一请家长，家长就会不由分说痛打孩子。对孩子来说，这是很可怕的事情，他一定要拼力改变老师的决定。而且他心里很明白，老师再厉害也不敢轻易打我，闹一闹或许能免掉回家这顿打。还有一种可能是，这是一个孝顺孩子，非常心疼家长，在他看来，学校请家长，等于往家长心上捅刀子，他当然也要拼命抵抗。还有一种可能是，家长刚刚承诺要给他买一件他向往已久的东西（例如名牌自行车、优质手机，答应带他出国旅游等），一旦教师向家长告了状，家长会以收回成命作为惩罚，他的希望必然落空。在这种情况下，让孩子保持理智是很困难的，他会急疯的。

所以我对教师的忠告是，尽量少请家长，少告状。不得已非请不可的时候，也要跟学生商量。再说，很多家长对孩子已经失控（特别是中学），请来家长也没有什么用处，徒然增加学生对教师的怨恨，绝非明智之举。恕我直言，频繁请家长，是教师无能的表现。

6. 学生提出不同意见，教师误以为是顶撞

这种情况不少。老师讲课文，提到某种看法，学生却拿出反对的意见；考试卷子判分学生有异议；教师要组织某个活动，有学生

不赞成，等等。学生并没有对老师无礼，只是提出了不同的看法，这属于学术问题或者技术问题，只能用研讨的办法解决，而研讨时师生是平等的。有些老师心胸狭窄，或者满脑子师道尊严，以为学生只要敢说半个"不"字，就是不尊重老师，于是抛开学术问题不谈，全力攻击学生的态度，说学生骄傲自满，个人第一，没有集体观念等。这叫作运用行政手段扣道德帽子解决学术问题，是很错误、很落后的办法。

以上是从教师责任的角度对学生顶撞老师原因进行的分析，下面我们进一步从学生责任角度做分析。有许多时候，教师的言行并没有什么失误，可是学生仍然顶撞老师，那就需要重点从学生身上找原因了。然而找到原因之后，也还是需要教师做工作，才能解决问题。

7. 学生心情不好，迁怒于老师

现在的孩子往往任性（这与独生子女被娇惯有关），有了不愉快的事情就要发脾气，胆子小的向妈妈发，胆子大一点的就可能在失控的时候对老师出言不逊。古人把这叫作迁怒。如果师生之间关系一直不错，没有什么过节，老师又没说错什么话，学生还顶撞老师，那可能就是这种情况。处理的方法是：你发火我不发火。可以对他说："我知道你不是冲我来的。你先平静一下，好不好？"他平静下来就会向老师道歉的。然后，教师可以教给他一些制怒的办法，以避免他下次发火。遇到这种事，教师千万不要以为学生是跟自己过不去，冲上去迎战，那就正好撞在学生枪口上了，成了自觉自愿的出气筒。孩子毕竟是孩子，他可以乱来，到时候只要一认错，你就只能原谅他，但是教师被他气个半死，就太不值了。

8. 学生想压住老师，好为所欲为

这就是所谓"给老师一个下马威"。一个乱班，换了一位新老师，新老师看起来比较和气，或者比较年轻，捣蛋鬼们就可能故意顶撞老师，给老师好看，让老师不敢管他们，他们好为所欲为。遇到这种情况，教师首先要注意自己的言行，不要被学生抓住任何把柄，然后采用软硬兼施的办法，把捣乱分子的气焰打下去或者冷却下来。至于具体怎样做，要根据具体情况，并没有公式可套。处理这种事情，最能看出班主任的应变能力。如果班主任经验较少，能力也不够强，最好不要让他接这样的班级。

9. 学生想表现自我

这种学生顶撞老师，主要是为了自己出风头，引起他人注意。你观察他的表情，如果他顶撞老师之后，脸上透出一丝得意，或者眼睛不时察看周围的反应，那可能就是这种情况。他们出风头给谁看呢？有的是给哥们看的，意思是说："怎么样？我敢顶老师！"也有的是给异性看的，"早恋"状态下的学生有可能用这种方式向对方显示自己的"实力"。

这种学生，你若戳穿他的目的，一般他就会有所收敛。当然，只要他不过于猖狂，就不要当众戳穿，个别谈一谈为好，给他留点面子。这种事当众说破，小心他恼羞成怒。

10. 和老师套近乎

说来有趣，有些同学气老师正是因为他喜欢这个老师。你老不注意他，他心中恼火，于是成心和你对着干，来吸引你的眼球。鉴别这种孩子的办法是，如果你发现一个学生总是注视你的一举一动，可是你看他的时候他却躲开你的目光，那可能就是这种情况。这有点类似撒娇。对这种孩子，要适当亲近，同时又保持一定距离。

11. 学生对教师业务水平有看法

如果学生总是挑老师的错，那很可能他对老师的教育教学水平看不上。这种孩子多数都自视甚高，或者对前任老师十分崇拜，或者有一位目空一切的家长。

这种学生也不可压服，可以诚恳地向他征求意见，说得对的要采纳，说得不对的也不要迁就。平等对话是解决这种问题的最佳方案。

12. 学生缺乏教养

这种学生说话好像很少有陈述句，不是反问句，就是感叹句，口

气都是饧茬的，似乎跟谁都逆反，见谁都满脑门子官司。你接触他的
家长就会发现，家长说话也是这样的口气。家长缺乏教养，孩子自然
很难有教养。在一般人看来很失礼的语言，在他们家里属于日常用
语，他习惯了。

这种孩子不要和他较劲，不要和他一般见识，也不要企图通过几
次教育就改变他，多年形成的习惯比教育更有力。但是如果他过于放
肆，要找机会给他点颜色，让他知道，此处不是你们家，此处是文明
之地，此处不可撒野。

以上我们谈了学生顶撞老师的 12 种原因，下面我们从另外的角
度做点分析。

当教师被学生顶撞的时候，要保持冷静的头脑，首先鉴别一
下，这种顶撞是临时发作的，还是蓄谋已久的，是单纯个人行为
还是有背景的，主要责任在教师自己还是在学生。

总的说来，学生顶撞老师临时发作的几率比较大，蓄谋已久的
比较少，后者多是中学生。上中学的孩子毕竟年龄稍大一些，如果
事先对老师没有成见，率性顶撞老师的可能性要小一些。

临时顶撞和蓄谋顶撞怎样区别呢？看学生表情。临时的顶撞是
突然的愤怒造成的，他可能涨红着脸，一副不满、委屈的样子，还
夹杂一些恐惧（小学生尤其如此，有的孩子竟然是越害怕你处理
他，越跟你顶嘴，此之谓外强中干），说话甚至会结结巴巴，语无
伦次，答非所问，这是一种类似失控的状态。蓄谋的顶撞则不然，
因为他早有准备，可以看得出他的表情相对要镇定，而且回答教师
的问题会比较从容，脸上有时还会写着挑衅和得意。

对待学生突然的顶撞，如果教师确实有理，教师辩驳能力又比
较强，给他两句他就不言语了。比如学生问道："我干吗非得听你
的？"这也是一种顶撞，教师可以回答说："因为国家委派我来教育
你，你的父母授权学校教育你，所以我说的话，只要正确，你就要
执行。对不起，此事没有商量。"如果老师反应没有这么快，嘴皮
子跟不上，那比较稳妥的办法是这样说："你的问题，课下再说。

现在我要为大多数学生讲课，不能只跟你一个人理论。"这样教师就脱身了，等下课以后，想好了对策，请教了有经验的老师，再跟他理论不迟。不过等你过一段时间再找学生的时候，也许都用不着跟他理论了，他可能会很痛快地承认错误。因为他当时只是一时兴起，靠一股火气壮胆，静下心来就害怕了。孩子承认了错误，就不要揪住不放，但是要问问他："下次你要再这样放肆，怎么办？"让他自己说出个惩罚措施。

如果感觉某个学生对老师的顶撞像是蓄谋的，除非教师能力很强，威信很高，当时千万不要硬顶，因为这种学生是有准备的，而且多半是比较强悍、有一定辩论能力的。唇枪舌剑之间，如果说不过学生，或者被学生抓住漏洞驳得哑口无言，那是很失威信的。我建议教师遇到这种情况，平静地对学生说："看来你对我有些意见，我们课下再谈，好吗？我一定认真倾听你的意见。"课下一定要找他谈。这种学生是不会轻易改变态度的，他们确实对老师有意见。这时候，老师要很真诚地和学生对话。对学生的看法，该接受的接受，该解释的解释，该反驳的反驳，采取完全实事求是的态度。经验告诉我们，只要教师和学生平等对话，即使不能统一看法，学生也会钦佩教师的胸怀和态度。教师的威信不会降低，反而会提高。有的老师自恃能力强，当时三言两语就把学生压下去了，这当然也是个办法，但是教师头脑一定要清醒，这只是暂时掩盖了问题，并没有解决问题。课下还是要诚恳地找学生谈谈为好。当然，如果教师说话很尖刻，学生当时拿你没办法，心中会存有怨恨，你课下再找他谈，他就可能拒绝。这就使教师失去了一次了解下情的机会，埋下了隐患。

个人行为的顶撞比较好办，有背景的顶撞要小心。这里的所谓背景，指的是他有群众基础。你注意观察学生的表情，当某个学生顶撞老师而有人呈兴奋状的时候，他们可能就是一伙的，至少顶撞者说出了他们想说而不敢说的话，代表了他们的利益。这时候千万不要一味硬顶，那样会伤众，以后工作就不好做了。我主张课下找这位发言人谈谈，倾听他的意见。

学生顶撞老师，有时主要责任在教师，有时主要责任在学生，教师一定要有反思精神，若主要责任在自己（比如冤枉了学生），一定要给学生个说法，不可以自己有错还硬挺，那是最容易丧失威信的，学生从此就不佩服你了。

当顶撞变成对老师的人格侮辱的时候，一定要严肃对待。不可以当时大发脾气，事后又不了了之。我主张当时冷静，事后坚决处理，至少要他在公开场合道歉，严重的要给纪律处分。此风不可长。

学生顶撞老师，老师一激动，说了错话，把自己弄得很被动，此时如何下台阶？

20多年前，我教中学的时候，曾经遇到这样一件事。一个男生上课不好好听讲，我叫他站起来，说了他几句，然后让他坐下。没想到他直挺挺地站着不动，拒绝坐下，给我一个下不来台。幸亏我当时头脑还算清醒，没有逼迫他坐下，也没把他赶出教室，我知道不可激化矛盾。我当时平静地对他说："看来你喜欢站着听，那就站着吧。"接着我就若无其事地继续讲课。这一下他被动了，只好一直站到下课。下了课他对我说："老师，我这人脾气不好。"我说："你慢慢改吧。"事情就这样顺利地解决了。现在回忆起来，我一定是批评他不好好听讲的时候，说了错话或者过火的话，他才这样跟我较劲的。问题主要还是出在我身上。

总而言之，发现情况不对，赶快找台阶下，越早越好，越晚越麻烦。千万不要死心眼，否则会闹一个自己没脸。


## 二、严重小说小动

上课小说小动是绝大部分学生都有的现象，即使成人开会，小说小动也很常见，没见有什么人一本正经地研究成人开会的纪律问题，只不过作报告的领导不高兴而已。同样是听讲，人们对成人的要求反而低，对孩子的要求反而高，好像会场是会场，教室是教室，待遇不一样似的。

这是怎么回事呢？可能是因为大家对成年人更信任，认为成年人知道分寸，自制能力强，总之会场也乱不到哪里去，而孩子不管，就可能闹翻天。也可能是给成人留面子，不好意思把会场管得那么严。我以为还有一种可能，就是成人比小孩更难管，吹胡子瞪眼可以把孩子吓唬住，大人就不行，无奈之下只好让步了。这种人其实也想把成人管得笔管条直的，只是心有余而力不足而已。

我说这些的意思是，教师其实不必把课堂纪律搞得过于严格，我看像成人开会的样子就差不多了。当然，班额太大，人数过多（如超过100人的班级），纪律是应该格外严一点，否则没有办法得到安静。纪律好和学习成绩好虽然整体上呈正相关，但是未必成正比例；至于创造性，它和纪律的关系就更复杂了，有时候严格的纪律反而压制创造性。

据我观察，许多老师对于课堂上学生的小说小动是过于敏感了。动不动就指责学生乱动、乱说话，结果每堂课把大量的时间花费在维持纪律上。本来只要提醒一下就可以的事情，教师非要批评，结果顶撞起来了，一弄就是半节课。我想这与教师本人的心态有关。有些教师特别怕乱，只有学生个个像塑像一样瞪着眼睛听他讲，他才安心，否则就恼火，就生气；还有些教师把纪律问题过分道德化，认为谁不听讲谁就是不尊重老师，甚至是看不起老师，于是维持纪律就和维护个人的脸面混为一谈了，这就很容易情绪化。我觉得应该把学生课堂上小说小动总体上看成正常的、不可避免的现象。不要打算"根除"之，你也"根除"不了，因为那是违反少年儿童天性的。

上面说的是对一般小说小动的看法。下面我们进入正题——严重小说小动。什么叫严重小说小动呢？

严重小说小动是指个别学生无视提醒，屡教不改，妨碍他人、影响全局的小说小动。这是必须解决的，否则班级有可能成为乱班。好动是少年儿童的天性不假，但是教育并不是完全给天性当尾巴的，教育需要对这种天性进行引导和适当控制，使学生社会化，否则对他们未来有害。你可以想想，哪个老板愿意招聘一个屁股坐不住、像猴子一样抓耳挠腮的雇员？

面对严重小说小动问题，教师首先要注意自己的打击面不要过宽，一定要区别对待。一般说来，一个 40 人的班级，在一段时间里，教师锁定的严重小说小动者，不要超过 5 个学生，否则就可能是教师要求过火了，或者解决问题操之过急了。

锁定了具体人之后，下一步是分析情况。对于这些学生首先要看两个方面：一看破坏面，二看学习成绩。

有的学生的小说小动破坏面比较大，有的破坏面相对较小。注意，这里说的破坏面指的是对周围同学的影响，不是指教师的主观感觉。有这样的事情：某学生属于严重小说小动，而且破坏面大，但是课堂上不和教师顶嘴，而且"认罪态度"较好，于是老师就不把他作为工作重点。另一个学生也小说小动，但是动作比较小，说话声音也较小，对课堂纪律的破坏性相对小一点，但是每当老师批评他的时候，他都要顶嘴，于是在老师的主观印象里，后者就可能比前者更可恨，教师就可能集中火力猛攻后者。这样，一方面教师选错了主攻方向，另一方面使后者觉得老师办事不公，成心找他的茬，于是对老师成见更深，顶嘴现象会更严重，教师就会加倍和他较劲，形成恶性循环。所以教师在选择工作重点的时候，必须有战略眼光，排除个人情绪，尽量冷静地分析形势，到同学中去调查研究，找到"病灶"的准确位置，再动手术，切不可乱开刀。

对严重小说小动的学生，还必须看他的学习成绩。成绩好的学生小说小动和成绩差的学生小说小动，性质往往是不同的，不可以用同一种办法回应。我的意思并不是说因为学生学习成绩好，小说小动就可以原谅，我是说，成绩好与不好，他们小说小动的原因和机制可能有很大差别，需用不同的方法治疗。这一点我们后面还要具体地说。

许多严重小说小动的学生都缺乏自知之明，也就是说，他并不知道或不清楚自己上课的动作和姿势是什么样子。所以有一种教育方法是各种类型的严重小说小动者都可以试一试的：用录像机，在他不注意的时候拍下他小说小动的镜头，让他自己看（不必公开），然后告诉他："现在你是自己在看，可是当初你如此听讲的时候，老师和同学可都在看着你。"这种方法，或许可以使他觉醒。如果没有录像条件，可以找班里一位特别善于模仿他人动作的同学，模仿他上课听讲的样子，像演节目一样，在半开玩笑中教育他。

以上是统而言之。下面，我们一条一条地分析学生小说小动的原因，并介绍干预措施。

1. 听不懂，学不会

这种学生上课小说小动的原因很简单，他没有别的事情可干。他为什么不把精力用在学习上呢？我想他一定也试过，发现自己确实听不懂，学不会，于是失去信心了。少年儿童精力充沛，不学习就省下了一大堆精力，要发泄出来，只好上课小说小动。这种学生特别盼下课，因为只有在课下他才能找到自我。这种学生其实完全知道自己的错误，往往老师一批评，立刻做悔悟状，可是过一会儿就故态复萌。这是可以理解的，这恐怕不是故意和老师作对。上课听不懂的孩子让他老老实实坐在那里，岂不是太难了吗？

鉴别这种孩子还有一个办法。如果你发现他在某些能够听懂的课目上听讲状况好得多，小说小动少得多，那就说明他不是不知道小说小动的错误，也不是完全不能控制自己，而是出于无奈。

他们为什么听不懂呢？有的可能是基础问题（漏洞太多了，衔接不上了），有的可能是智力问题（智商较低），也有的可能是智力类型问题（他的智力类型使他不容易走进这门课）。

可以看出，上述几种情况，批评都不能解决问题。知识基础问题应该想办法帮他补一补；智商低的如果确实听不懂，应该允许他上课时做点自己喜欢的事情，只要他不扰乱别人；至于智力类型的问题，我的经验是，应该给他多介绍几种学习方式，如果有一种学习方式能够适合他的智力类型，他还是可以学好的。比如有的孩子音乐智能好，就可以让他试试把某些知识编成歌来唱，如果有效果，他以后就比较爱听讲了。

总之，学生的精力是一股洪水，一般学生的精力主要流向学习渠道，这就分流了一大部分，问题学生因为种种原因自己堵住了学习渠道，精力肯定就会向纪律等方向奔流。这时候教师想生堵硬截，那是很不明智的，应该进行二次分流，而且只要一有机会和可能，就绕个弯子，把水引回到学习渠道来。注意必须绕个弯子（给他介绍多种学习方法就是这种弯子，我也常常把这种办法称为"搭桥"），想直接把水拉回来是行不通的。

2. 早就会了

这类学生上课小说小动是因为老师讲的他早就会了。他听得不耐烦，干别的事情老师又不允许，只好用小说小动来消磨时间，干巴巴地坐着，他受不了。

鉴别这类孩子不难。第一，看得出他很聪明，学习成绩往往很好、较好，或者平时成绩不高，但到大考的时候，成绩总是不错。第二，当老师讲点书上没有的东西时，他会听得很专心、很投入，小说小动大幅度减少。

面对这种学生，有的老师说："你即使已经会了，再听一遍也没有坏处。"错。经常聆听已经会了的东西，不光浪费时光，对人的心灵还是一种磨损，不是没有害处，而是害处很大。还有的老师说："你要是门门都得 100 分，上课爱干什么干什么。"这属于无理要求。经验告诉我们，掌握了所学的东西不见得考 100 分，考 100分也并不证明他一定掌握了知识，尤其不能证明他一定会灵活运用，因为我们的试题通常是比较死板的，常常考不出真本领。

所以，我建议教师适当给这类学生开辟"特区"（当然，要先确定他确实属于这类学生），允许他在课上不听老师讲课，去学习更深的东西，或者看课外书。这样他的小说小动就可以减少很多了。如果其他同学对此有意见，老师可以向全班同学说明情况。

可是给他开辟"特区"之后，他的学习成绩下降了，怎么办？老师可以对他说："你看，给你一些自由以后，你的成绩下降了。是不是你还不善于自主支配自由时间？现在请你自己选择，咱们是再让你试一个学期，还是取消你的'特区'。"一般说来，他们会愿意继续试下去，而且成绩会上升，因为他们不是没有学习能力，只是缺乏自我控制能力，而自我控制能力只有在自主条件下才能逐渐学会。应该给孩子一些时间。

3. 没有规则意识

这种学生不光严重小说小动，他根本就没有规矩。无论课内课外，无论学校家庭，到哪里都没有个孩子样，率性而行，旁若无人。过去如此，现在依然。

这种学生的学习成绩有好有坏，他们的共同特点是：没有规则意识，干什么都不懂得遵守规则。在和同学的交往中，他们也不懂基本的规矩，说话不分场合、不知轻重，因此往往遭到同学的反对。

这种学生，与其说他们不好，还不如说他们幼稚。

为什么会这样呢？从小家长给惯的，孩子没家教。这种学生很多都是由隔辈人带大的，百般溺爱，千般纵容，老人只知道讨孩子喜欢，完全不给他定什么规矩。结果在孩子脑子里形成了这样的意识："我的愿望就是我们家的规矩。"他这套在家中畅通无阻，到学校就行不通了，处处碰壁。这叫作"社会化障碍"。

家庭没有完成应该完成的让孩子社会化任务，把一个不合格的产品推给了学校。学校一方面要给家庭教育补课，另一方面又要完成学校教育的任务，不堪重负。这种孩子往往让教师头痛不已，哭笑不得。他们那一副"纯天然"的样子，足以把班主任气疯。

对这种孩子，批评不容易见效，批评得多了，他会很烦躁，甚至很委屈。严格地说；这不能怪他（对于小学生尤其如此），他会想，我从来就是这样生活的，怎么到了你们学校就不行了呢？老师面对这种学生最容易犯的错误就是急躁，怀疑他们的屡教不改是成心捣乱，因而激化矛盾。

遇到这种学生时，教师的中心任务是帮助他重新建立规则意识。

要指导家庭教育，要让家长认识到自己的失误很大，必须下决心改正。要告诉他们，孩子的这种毛病，光靠学校是无法矫正过来的，家长必须配合。如果隔辈人成了孩子的保护伞，为了孩子的前途，必要的时候可以劝孩子父母让孩子和隔辈人分开。但是指导家长有一个前提，就是父母还没有完全失掉权威。如果父母说话孩子完全不听，那就不好办了，那还得先帮助家长努力恢复权威。恢复权威是很复杂、很需要技巧和耐心的事情，这里无法细说。我们只说帮助那些还没有失去权威的家长的办法。那就是帮家长选一两件事，制定出规则，坚决要求孩子遵守，如果做不到，要适当惩罚。家长一定要坚定、坚持，而且要有耐心。只有这样，孩子才可能建立起规则意识。

与此同时，学校老师也做同样的工作，即选择学生破坏性最大的一件事做突破口，具体细致地告诉他应该怎样做，特别要告诉他做事的基本规则。家庭、学校双管齐下，他们才能有所进步。

不要幻想他们立刻改变，那是不可能的，小学生也许会稍快一点，中学生积重难返，会进步慢些，但是只能如此。

4. 自控能力差

这种上课严重小说小动的学生表现和上一类很相似，都是管不住自己，区别在于：上一类学生的主要问题是几乎完全没有规则意识，而这一类孩子规则意识是有的，他们的问题是无法使自己在行动上服从规则，简单点说，就是明知故犯。

明知故犯有两种：一种是我既明白道理，又能做到，可是我偏不做；另一种是，我明白道理，可是我确实做不到，只好不做。后一种不是成心捣乱，而属于能力问题。许多老师都不承认明知故犯有这两种情况，往往把后一种也看成前一种，在一定程度上冤枉了学生，自己也白白生了很多闲气，浪费感情，对心理健康很不利。

自控能力差的孩子绝大部分主观上并没有故意不改正错误、气死老师的愿望，他们其实挺想改正错误、讨老师喜欢的，可惜没这个本事。老师看来很容易做到的事情，对他是极大的难题，他真的管不住自己。

显然，给这种孩子讲大道理是做无用功。他们有的比老师还会讲理呢！（其家长往往是那些很能讲道理但是不注意在情境中教育孩子的人，如知识分子、干部、军官、经理等。）他们的问题是"知"与"行"相脱节。这种学生需要的是训练。少说话，多干实事。建议教师仔细观察一下，把他的小说和小动都加以细致的研究。比如说话，可以搞清都跟谁说，什么内容说得多什么内容说得少，什么时候说得多什么时候说得少，哪门课说得多哪门课说得少；再比如小动，身体的什么部位最爱动（手、脚、头还是躯干），动起来有什么规律，不动怎么难受，动起来为什么舒服。然后根据情况，选择某一种或几种小说和小动，告诉他如何改正。要出主意，而且这主意必须能够操作，比较容易核查。一旦有效果，就要鼓励学生坚持，并扩大战果。许多教师面对这种孩子总是进行空洞的批评和千篇一律的惩罚，那是很难有效果的，因为批评和惩罚常常无助于提高学生的能力，而这种学生之所以严重小说小动，基本上是能力问题而不是认识问题。

这种训练，在家里也可以进行。如果家长能配合老师，效果会更好。

教育这一类学生，也不要幻想立竿见影，只要逐渐进步就好，有反复也不奇怪。

5. 动觉学习者

这种学生上课也总是小说小动，令人心烦，但是你把他叫起来回答问题，他却常常会答对。这就可见，你认为他没注意听讲，可能不符合实际，他也许就是这么个听法。如果你严加管理，把他管得暂时不敢乱说乱动了，你会发现他的精神就要萎靡，过一会儿则昏昏欲睡，听讲效果反而降低了。他好像需要通过不停的肢体动作和不停的嘴里嘟嘟囔囔来维持大脑的兴奋状态。这种学生，有人称之为"动觉学习者",他们喜欢在动作中学习。这种学生挨了批评,往往做迷惑状,因为他们一般觉察不到自己的语言和动作。有的老师上课发现一个学生说话,问他:"你为什么说话?"学生回答:"我没说呀!"老师气得差点晕过去,认为这样的学生简直是太不像话了,居然瞪着眼睛不承认事实。我劝这位老师冷静地研究一下这个学生,如果他确实是一位"动觉学习者",则他完全可能不知道自己在说话。老师若提高到道德层面来批评他,他未免冤枉。这种学生男生为多,可能有遗传。不信你打听一下,他的长辈中就可能会有人告诉你:"和我小时候一样。"

教师如果不能认清学生中"动觉学习者"的特点,想把他们如同其他学生一样管得规规矩矩,不但做不到,而且实际上破坏了他们的学习条件,会使他们越学越学不好。既然小说小动是他们学习的必要条件,那么很显然,我们对这种学生的教育目标就要调整,不要企图消灭他们的小说小动,而只要减少一些,尽量少影响别人就行了。对他们应该比对别人宽松一点。小说和小动两个方面,首先解决小说问题,因为说话对他人影响更大一些。

教育这种学生特别需要教师心胸宽阔,心理健康。教师若看见他们像虫子一样在那里蠕动就心里起急,就要发脾气,那只能事与愿违。

6. 表现欲

这种学生的严重小说小动是做给别人看的。有的是做给老师看的,他希望通过小说小动吸引教师的注意;有的是给同学看的,想吸引同学的注意(特别是吸引异性的注意)。他们很少沉浸在自己的小说小动里,他们很清醒。你会发现他们小说小动的同时,一直在留意他人的反应,如果有人注意到他,他就会透出得意的样子,没人注意,他就很失望。他们与那种旁若无人的"纯天然"的小说小动者有很大区别。这种学生并不是没有自制力,当他们不想吸引别人注意的时候,他们可以做到不去小说小动,教师了解他们的成长史就可以验证这一点。

解决这类学生的问题有以下几种办法。第一，找到他们自我表现的目的，给予回应。比如他们特别希望得到老师的关爱（这种情况小学生为多，但是中学生也会有，而且更为强烈，青春期的孩子甚至会对老师产生"牛犊恋"），教师就要适当给予满足，多看他们几眼，多跟他们说几句话，但是注意千万不可过多，要保持距离。如果他们是想吸引同学的注意，那就要搞清他们想吸引的对象是谁，然后做那个人的工作，基本原则也是关注，但保持一定距离。第二，创造一些机会，满足他们的表现欲。比如上课多给他们一点发言机会，班里组织活动多让他们出面，等等。对那些没有特定吸引对象的自我表现者，这种办法比较有效。把他们的表现欲释放出来，他们就不必用小说小动这种低级的方式来表现自己了。第三，对有的学生，采用"不理睬"政策，效果更好。我见过这种学生，你越理他他越来劲，甚至会撒起娇来。对这种人，可以故意不理。同样犯错误，我宁可批评别人，就是不提他，让他干着急，等到同学都看出这阵势的时候，他自讨没趣，就可能收敛。如果再不收敛，那就平静地执行惩罚，还是不和他多说话。这种学生有时会成心激怒老师，老师注意不要上当。

7. "多动症"

如今有些老师动不动就说学生"多动症"。比如有个学生上课总是小说小动，教师用他那千篇一律的管教方法几次不见效，就把家长找来说："你们孩子是不是多动症啊？上医院检查检查吧。"到了医院，医生往往也不做结论，只是说："先吃点药吧。"为什么会这样呢？因为到底什么是多动症，其实现在并没有一个公认的准确界定。我们的教师、家长经常挂在嘴边的"多动症"，基本上都不属实。多动症是一种病态，没有确实的证据，是不可以随便乱说的。真正患多动症的孩子，是几乎在任何情况下都难以平静下来的。有的家长跟我说他的孩子患了多动症。我问："您的孩子白天有安静不动的时候吗？"家长说："看动画片的时候老实着呢！"我说："那恐怕您的孩子就不是多动症。"家长和老师一定要注意，"多动"不等于"多动症"，就好像"胃疼"不等于"胃病"一样。动不动就说孩子患了"多动症"，最大的害处是推卸了教师、家长的责任。既然孩子有病，那还有什么必要提高家长、教师的教育艺术呢？找医生就是了，吃药就成了。像我们前面谈到的 6 种严重小说小动的类型，都可以被说成"多动症"而放弃，这不但耽误了孩子，而且会严重阻碍教师专业水平的提高。

我不是说没有多动症。我只是说，多动症，必须找正规的大医院确诊，用药必须谨慎。我见过没有认真确诊就随便吃药的孩子，有的甚至吃了一两年。据家长说，吃药之后，孩子确实老实了一些，特别爱睡觉，可是学习成绩更差了。这样吃药可能是错了。

所以，教师随便说学生是"多动症"，我认为是不负责任的。

## 三、经常性迟到

学生经常迟到是令教师很恼火的一件事情。在学校的纪律评比中，这常常是最刺眼的一个项目，每天都立竿见影。有学生经常迟到，班主任压力很大，处理起来，也就很难保持冷静的头脑：容易发脾气，容易搞体罚，容易请家长，容易激化矛盾。按说迟到不是什么太大的事情，可是由于上述原因，它可能在教师的心目中成为很大的问题。

教师对经常性迟到的认识，最容易出现的问题是孤立地看迟到现象。他们往往不善于把迟到放到学生整体精神状态的大背景中来观察，就事论事，头疼医头，脚疼医脚，又急于求成，这就容易失败。

学生为什么会经常迟到呢？据我初步分析，常见原因有以下几种：

1. 恐惧教师，恐惧学校

这种学生的主要问题不是迟到，而是他们根本就不愿意到学校来，又不能不来，家长催逼，老大不情愿，能晚点就晚点。少在学校呆一会儿，是他们最大的愿望。

有些学生虽然迟到，但是一旦来到学校，还是能高高兴兴学习，起码也能在下课的时候高高兴兴游戏。这种学生不同，他们整天没精打采，只是偶尔能高兴起来，而他们精神最好的时候是快放学的时候。

他们为什么会这样呢？

有的可能是教师恐惧症。这种学生见老师就躲，见老师就害怕，他们可能是受过老师无数的批评，很少或从来没有被老师表扬过，也许有某个老师严重地伤害过他，使他从此望老师而生畏。如果我们发现某个经常迟到的学生看见老师就蔫，可是和同学在一起要相对好一点，那可能就是这种学生。解决这种孩子迟到问题的方法是，老师和他搞好关系。如果他发现有一个老师真正关心他、喜欢他，能看到他的优点，他就可能高高兴兴来上学，而很少迟到了。

有的可能是学校恐惧症。就是说，学校里有他特别害怕的人或事情。可能是因为在学校受欺负，可能是因为生理或性格原因被同学起外号、嘲笑，被孤立等，还可能是早晨来校时有大个学生劫他的钱，他不敢告诉家长、老师，只好晚到一点，以避开麻烦。这种孩子，当你批评他迟到的时候，他很可能不加申辩，只是一声不响，因为他无话可说，或有话不敢说。遇到这种情况，教师一定不要轻易批评他，而要尽可能和蔼地向他询问情况。对他说："我相信你不愿意迟到，你迟到一定有自己的苦衷，告诉我，我会帮助你。你要是不说，老迟到，学校会给你处分的，那不是很冤吗？"

很多老师遇到学生迟到的问题，总是满腔义愤，告诉学生迟到如何如何错误，不迟到有多少多少好处，这常常是废话，其实关键是向学生询问原因，具体的、真实的原因，把学生的具体问题解决了，迟到现象才能解决。

有些学生已经到了辍学的边缘（中学生为多），我们把这种学生叫作"边缘学生"。他们根本连学都不想上了，老师若还在那里为迟到和他没完没了，那实在是放开大题做小题，浪费感情了。关于这类学生的问题，本书后面将有专门的论述。

2. 家长纵容造成的习惯性迟到

有些学生是迟到的老手了。他们从幼儿园开始就常常不能按时到校。稍微有点不舒服，家长就说："得了，今天不去了，反正家里有姥姥看着。"旷课尚且不在乎，迟到更不当回事了。家长根本就没有把孩子每天按时上幼儿园看成是一种早期的纪律训练和规则意识训练，看作是未来孩子上学的重要准备。他们只有疼孩子的本能，没有教育观念，只图眼前讨好孩子，不为孩子计长远。幼儿园再好，也不如在家舒服自由，家长一放松，孩子自然顺坡下驴，能赖在家里就赖在家里，久而久之，就拿迟到不当回事了。我们常常看到有些小学生甚至中学生，迟到、旷课满不在乎，老师批评他他还挺委屈，可能就是这种孩子。在他们的习惯中，迟到是正常的，因迟到而挨批倒是很奇怪的，因为他们的家长从来都没有因为他们迟到而着急、生气过，只有纵容。这种家长后来当然会变脸。上了小学，纪律严格了，迟到几次教师要打电话给家长，再迟到学校要给纪律处分。这下家长着急了，于是开始每天催逼、唠叨，甚至打骂孩子，态度来了个 180 度大转弯。要知道家长是成年人，你转弯容易，孩子跟得上吗？他已经习惯了懒散呀！于是孩子就要对家长不满、反抗。这就是亲子战争的萌芽。家长应该反思一下，早知今日，何必当初？当初要是始终让孩子按部就班上幼儿园，如今上学就不会有迟到现象。可见，有些中小学生因迟到弄得老师天天打电话给家长，正是家长自己种下的恶果。

也有的孩子开始还算比较规矩，按时上幼儿园，按时到校。忽然得了一场病，在家休息，家长百般照顾，孩子尝到了不上学的甜头。病好之后，家长老觉得孩子可怜，于是在上学问题上就难免放宽了要求，今天不去就不去了，迟到就迟到了，孩子也不容易嘛。这样，孩子也就养成了懒散的习惯，甚至可能装病不上学。这叫作倚病卖病，也是家长"心软"造成的恶果。

所以，如果教师遇到有学生连续迟到，我主张先不要着急批评，而要了解一下他的"迟到史"，他是从什么时候开始爱迟到的，家长那时的态度是什么。如果确属家长纵容造成的习惯性迟到，那就一定要把家长请来，给他讲清前因后果，让他认识到自己的失误，以后再也不要袒护孩子的迟到现象了。注意，如果家里有隔辈人（爷爷、奶奶、老爷、姥姥），光做父母的工作还不行，要争取所有家长统一认识。但在行动上，要告诉家长，需要坚定，不能急躁。孩子有个头疼脑热，不要大惊小怪，凡是能坚持上学的，家长们要一致主张孩子上学。为了帮助孩子养成好习惯，可以暂时请一位家长陪送孩子上学，但是，要准备逐渐撤出来。孩子因为迟到而受罚，只要教师的做法不过分，家长就不要替孩子说话。教师也不要急躁，因为养成一种新的习惯，至少需要一百天，而克服一种旧习惯，则往往需要更长的时间。教师如果因为学校评比造成焦虑而对家长、学生过分施压，恨不得立竿见影扭转学生的迟到现象，可能会适得其反，弄不好还会酿成事端。

3. 家长包办过多造成的习惯性迟到

也有的学生经常迟到既不是因为学校恐惧症、教师恐惧症，也不属于家长纵容造成的习惯性迟到。家长不但不纵容，反而从孩子很小的时候起就因为上幼儿园、上小学的迟到、旷课问题与孩子进行过"持久战"。打也打了，骂也骂了，赏也赏了，罚也罚了，动之以情，晓之以理，大道理讲了无数，家长嘴皮子都快磨破了，最终孩子还是常迟到。这是怎么回事呢？

首先要考虑是否有人掣肘。父亲要求严格，母亲却给孩子说好话；父母要求严格，隔辈人却护着孩子，不能形成合力，如此，严格是没有效果的。孩子有保护伞，就会磨蹭。遇到这种情况，要先协调一致，再说其他。

其次可能是家长包办太多。有很多家长从叫孩子起床开始，什么都替孩子做。催逼孩子起床，一件一件给孩子穿衣服（孩子此时半睁着眼睛），拉孩子进卫生间，甚至帮孩子洗脸刷牙。如果家长这样伺候，则无论你嘴里说的话多么严厉，他都不会着急，因为他心里有底——反正你比我还着急，反正这都是你的事情，反正你得替我把一切做好。皇帝不急大臣急，急死你也没用。有的孩子甚至经验丰富到了这种程度，他能从母亲喊他起床的声调中准确判断出，什么时候我可以不理不睬，到了什么火候我可就必须起床了，我妈真急了。起床上学本来是孩子分内的事情，竟然变成了"给妈妈起床，给妈妈上学"，主动完全变成了被动。人之常情是，只有自己的事情才会抓紧，别人的事情总不那么急迫，如此，孩子迟到也就是很自然的了。这种孩子真的迟到了也狼狈，也害怕，也后悔，但是他们不会反思自己如何磨蹭，而会埋怨家长："就赖您！干吗不早点叫我？"而这种家长挨了孩子的数落，居然好像自己理亏了一样。孩子迟到，家长负责，迟到的问题就很难解决。

这种家长需要教师指导。教师要告诉他们，迟到不迟到是孩子自己的事情，家长不要替他承担责任，家长顶多做一些帮忙的工作，而且尽可能减少。比如早晨叫孩子起床，就不应该是家长的事情，闹钟可以叫，手机可以叫，凭什么还要劳动家长？等到孩子将来上了大学，家长难道也每天叫孩子起床吗？等到孩子就业了，到公司上班了，家长也要叫孩子起床吗？如果将来不能这样做，那现在就不要惯孩子的毛病，以免将来不习惯，带来更大的痛苦。有的家长可能会说："我现在每天叫他他还迟到呢，要是不叫，不是更要迟到吗？"不一定。家长要是跟孩子说清楚，让孩子自己负责自己的事情，很可能他反而会有进步。还有一个办法是家长故作懒惰或者疲倦状，和孩子"交换位置"，也就是说，我早晨起不来，我是弱者，我需要照顾，请你早晨叫我起床，好吗？对有的孩子，这招比较灵。注意，如果孩子不起床，家长千万不要唠叨，提醒不要超过三次，然后就径自洗漱上班，不要管他，你越管他毛病越多。另外，也不要总是说孩子"爱迟到"。这样说多了，孩子就可能认定自己是一个爱迟到的人，这种角色认定会更加强化孩子的迟到现象。

总的说来，学生经常迟到的问题，还要靠家长帮助解决，而要想借得家长的"东风",教师就必须学会指导家长,给他出具体的主意。单纯责怪家长,是不能解决问题的,因为家长很少有愿意孩子迟到的,他只是教育观念有些毛病,又缺乏方法。

## 四、同学冲突

同学之间的矛盾冲突,也是令教师头痛的一件事。动不动就吵起来了,打起来了,不是这个告状就是那个报警,教师不得安宁,班主任尤其烦恼。当然,面对一群孩子,尤其是面对一群独生子女,教师必须做好思想准备,处理他们之间的矛盾应该是日常工作的必然组成部分,要想彻底省心,除非他们放假。但是我们这里说的不是轻微的矛盾和偶尔的冲突,我们指的是个别同学,总是和别人发生冲突,情节比较严重。他们应该也算问题学生,一些"麻烦制造者"。这类冲突如果再发展得严重一些,也可能变成校园暴力。有暴力倾向的学生,我们后面还要做专题研究。这里我们研究的是还没有演变成校园暴力的学生冲突或者不会演变成校园暴力的学生冲突。我们要找到这些冲突发生的原因,进行预防和干预,减少冲突发生的频率和危害,保持班级教育教学秩序的稳定。

现在有许多教师大力鼓吹爱,以为只要学生从根本上懂得了爱他人,各种矛盾就都迎刃而解了。许多老师一遇到学生发生矛盾就给学生讲团结友爱的故事,甚至"爱敌人"的故事,给人的感觉是这种教师很像布道的牧师。我以为这是过于天真的想法。世界上并没有抽象的爱,也没有无缘无故的爱。人们不是先懂得了爱,然后才把这个原则落实到具体行动中去的,恰恰相反,人们是在各种各样的具体情境中体会到了爱的情感,才逐渐把它们升华成某种抽象的东西的。对孩子们谈抽象的爱,效果差。

我主张少谈爱,多谈尊重。爱和尊重不是一回事。我们可以要求每个人都尊重他人,这也比较容易做到,但是我们不能,也没有权利要求每个人都爱他人。我们有生以来都接触过很多很多人,我们谁能做到爱他们每一个？圣人都做不到。孔夫子就不爱"小人"，也不爱少正卯，好像他对有些差生也不怎么爱，学生上课睡觉，孔子就斥之为"朽木不可雕也"。爱是一种感情，感情是没有办法强迫，也很难检测和衡量的。尊重就不然，尊重不尊重，有一些外部标准，比较容易判定。

实际生活中，学生的多数矛盾不是靠爱，而是靠游戏规则，靠公平，靠分清是非，靠互相尊重、互相让步（让步通常不属于爱），靠具体分析问题来摆平的。是什么问题解决什么问题，才是科学态度。恕我直言，遇到矛盾大谈"爱"，已经成了很多教师缺乏解决具体问题能力的遮羞布。

我忘了是哪一位哲学家说的了：如果某个办法能解决一切问题，那它肯定什么问题也解决不了。我想这话有道理：如果某种药包治百病，我差不多就可以认定，这东西实在不是药。虽然我承认爱的鼓吹可以解决一些问题，或者可以为解决问题创造一定的心理氛围，但是对爱的提倡不能代替对具体问题的具体分析，就好像牧师不会使法官失业一样。我们还是切切实实地研究问题吧。

为什么有些学生总是和别人发生冲突呢？教师应该怎样对症下药地教育他们呢？

1. 语言表达能力差

有些学生总和别人发生冲突，是因为语言表达能力差。你会发现这种孩子整体表现并不差，没有严重的个性缺陷，平时能遵守纪律，学习也知道努力。可是往往在和别人打交道的时候，就闹起来了。仔细观察，你会发现他们不善言词，不知道怎样表达自己的意思，以便让对方明白，心里又着急，憋得满脸通红，于是就借助肢体语言，直接诉诸行动，伸手就推，伸手就抢。在对方看来，自然就是侵犯了，于是酿成事端，来找老师告状。这种学生有时甚至会好心帮别人办事而得罪人，因为他没有能力把自己的意图向对方说清楚，造成了误解。老师如果缺乏经验，也会误解这种学生，因为他们不善于替自己申辩，一般是闷头不语，偶尔说一句，也是牛头不对马嘴。老师被激怒了，会严厉批评他，他会更加愤怒，甚至可能摔东西或甩袖就走。其实他是说不清道不明，急成了这个样子，老师却可能误以为他是在向老师示威，造成不必要的师生对立，给以后的工作带来更大的困难。

这种学生和他人发生冲突，教师要"冷处理"，千万不要试图当时就分出个是非曲直来。先把冲突双方分开，过一两天，等他平静下来，再找他谈。谈的时候先不要论是非，重点也不讨论是非，而是无论如何要搞清他冲突前的想法，他到底打算干什么。然后教师再一句一句教给他，如何把自己的意思向对方表达清楚。以后教师有机会就一句一句教他说话（注意一定要具体，不要笼统地讲"你说话要有礼貌，要客气"等等，那是没有用的），如果他确实是这类学生，你会看到他与同学发生矛盾的事情越来越少。

为什么这种学生的语言表达能力如此差呢？可能有先天的原因。有些孩子就是天生的"口闷"，也可能是早期教育没有跟上。比如说孩子是老人带大的，老人耳聋，或者老人不爱说话，还有的孩子是小保姆带大的，小保姆只顾自己看电视不和孩子说话，这都可能错过孩子语言的最佳发展期，造成孩子语言表达能力发育滞后于其他孩子。虽然往事不可追，但是我们发现了以往的家庭教育失误，却可以减少对孩子的许多误解，知道自己该朝哪个方向补救。所以，了解问题学生的成长史，是绝对必要的。

要提高这种学生的语言表达能力，还有一个办法是请家长协助，每天让他读十几分钟书。要出声朗读，声音大一点，读孩子自己喜欢的任何书都行。不管读成什么样，家长都绝对不要批评指责。这样长期坚持，一年以后，不但孩子的表达能力，而且整体精神状态都会有积极变化，因为人有话说不出来，长此以往会造成心理问题的。

2. 思维方式特殊

某学生上课说话，老师叫他站起来，批评他。他回答："我没说话。"老师当时没有发火，课下找他询问。他说："我跟同桌讨论您提的问题来着，这怎么能算上课说话？"可见，在他的词典里，对说话的解释是："上课说与教师讲课内容无关的话。"幸亏这位老师比较冷静，避免了一次无谓的师生冲突。

严格地说，每个学生脑子里都有一本独一无二的个人词典。当他对某个词的解释与他人相差甚远的时候，就可能发生冲突。一般学生这种事比较少，而有些学生，因为思维方式比较特殊，他对事情的解释经常与他人不同，于是发生冲突的机会就比较多了。这也是一种问题学生。

这种学生表达能力并不一定差，也不是不讲道理，只是他有他自己的道理，教师必须说服他，而千万不要压服。这种孩子说服起来并不困难。比如在上面的例子中，教师就要告诉他："你上课和同桌讨论问题，是一种学习的积极性。不过要是都讨论起来，大家就没有办法听讲了。所以你记住：老师正在讲课，需要你听不需要讨论的时候，只要你说话，就是违反纪律的。"如果他是一个思维方式特殊的问题生，你这样讲了，他就会改正自己的想法和做法，至少会大幅度减少说话现象。如果依然如故，那就是借口，说明他不属于这一类学生，就要重新诊断了。

教师批评学生的时候，学生如果申辩，教师千万不要轻易断定是狡辩，是矫情，因为这其中可能有的学生不是狡辩 —— 他确实是这样想的，他的思维方式和常人不同。遇到这样的学生，教师一定要搞清在他的特殊词典里，某个词是怎样解释的，先理解，再引导，否则就可能弄成"关公战秦琼"。

### 3. 缺乏人际交往技巧

有这么一种学生，突出特点是为人处事能力差，不会看他人脸色，不善于感知情境，不知道什么时候该说什么话，什么情况下该做什么事。他们甚至会专拣不该说的话去说，专拣不该做的事去做，属于人家办丧事他去道喜那种，没有恶意，却招人讨厌。一般同学会认为这种学生"缺心眼"，其实从智力角度说不一定，他们有的功课还不错。他们太缺乏人际交往技巧了。北京俗话称这种人是"不会来事儿"、"看不出眉眼高低"。他们这样，就容易遭到同学的反对，引起冲突。这属于能力问题，不是品德问题。

他们为什么如此缺乏人际交往技巧呢？至少有两种可能。一种是跟家长学的。他们的家长中有人就是这种风格，孩子经过熏陶，也这样了。还有一种可能是家长只顾自己工作，和孩子在一起的时间很少，没有把必要的人际交往技巧传授给孩子。也有的把孩子交给老人看管，孩子很少接触同龄人，结果也学不会人际交往的技巧。这两种情况，第二种比较好办，尤其是小学生，老师只要向家长指出这个问题，家长就会具体教给孩子"见什么人说什么话"、"到什么山上唱什么歌"的，老师再教一部分，过一段时间情况就会好转。中学生这么做也会有效果，不过做起来要更委婉一点，一定要个别谈。无论中、小学生，老师都要做他周围同学的工作，告诉他们，这个人只是比较直率，不大注意说话的时间、地点和方式，他并没有恶意，不是要和谁作对；他也不是傻，这只是一种个性，大家应该宽容，不要轻易和他翻脸。如果和他是好朋友，还可以给他出点主意，帮助他学会为人处世。为这种学生创造一个交流的环境是很重要的，在这一点上，教师比家长的责任要重，能起的作用也更大一些。如果属于第一种情况（他的家长就是这种说话顾前不顾后的人——通过和家长接触，看清这一点不算困难），那比较麻烦，不大容易解决。教师只好把工作重点放到他周围的同学身上，告诉他们，即使这种学生不知不觉冒犯了你们，也不要和他计较，他就是这个脾气。如此，也能减少一些问题。

教育这种学生的时候，切忌乱批评，尤其不要轻易说他们"不团结同学"、"脑子有毛病"，那样有可能使他变本加厉，或者转向沉默自卑，而他周围有的同学则可能被训练成刻薄的人，后果都是很坏的。

4. 自我中心

自我中心是独生子女的"常见病"、"多发病"。每个人都是皇帝，谁也不想当大臣，更不用说当老百姓了！一国哪能容得下那么多皇帝？于是只好打架，所以独生子女之间的矛盾冲突特别多，而那些"皇帝病"最重的学生，就成了我们的问题生。比如某小学生乐乐（化名），没有一点集体观念，"能量"巨大，不但破坏学校的公共财物，破坏环境，还经常由于对同学过分亲热而招致反感，某一天竟惹来 28 名同学告状：抱着人家不撒手、掐了某某脖子、拽了女同学小辫儿、抢了人家一个大跟头、把同学压在身下了，等等。中学的这种问题生或许会收敛一点，脱去一些稚气，但是破坏性却增大了。

这种学生思维方式的基本特点是心中只有自己，目中并无他人，只要自己高兴，全然不顾他人感受。不能换位思考，没有同情心；不懂得礼让，连先来后到的观念都没有。我的当然是我的，你的也是我的，什么都是我的。只许别人服从我，我不能服从别人。我可以对不起别人，别人不能对不起我。他们的道德观念有两套，一套用来要求别人，一套用来放纵自己，双重标准。

不用说，这种孩子肯定是家长给惯的。他在家里为所欲为，所有人都迁就他，他习惯了这种生活方式和思维方式，就很自然地迁移到学校来了。换句话说，他在家里当皇帝上瘾了，跑到学校来，还想接着当。然而他在学校遇到的不是被他欺负惯了的家长，而是和他一样惯于欺负家长的"小皇帝"，可想而知这肯定会硝烟四起。

这种学生，主要问题可就不是能力问题或个性问题了，这是价值观问题，如果是中学生，就属于品德问题了。

解决这种学生的问题，一是要恰当地阻止他们的任性行为，二是帮他们逐渐学会换位思考，建立对内对外统一的道德标准。教师在学校这样做，也要指导家长在家里这样做。所谓"恰当地阻止"，是说不能硬来，不能"全面专政"，要有计划、有步骤地给他钉子碰。决不能再处处顺着他，否则他会向"混世魔王"的方向发展，但是也不能要求他们立刻改掉所有的毛病，那是不可能的。凡属已成习惯的东西，都不可能立刻改变。家庭和学校都要准备用一些办法惩罚他们，学校必要的时候要给纪律处分（特别是中学生）。与此同时，家长和老师要十分耐心地、结合具体事情告诉他们别人的感觉。等他们也学会站在别人的角度看自己的时候，他们进步就会更快了。

5. 个性缺点

这种学生经常和别人发生冲突主要不是因为处处自我中心，他们一般也不破坏纪律，可是总是有同学反对他们，有时还很激烈。你会发现有很多同学"不待见"他，仔细地观察会告诉你，他们身上确实有某种特点是周围人难以忍受的。比如有的人很小气，有的人特别爱说谎，有的人专门爱传话搬弄是非，有的男孩子身上有一股"女孩气"，有的人经常借人东西不还，有的人特别爱吹牛，有的人专门奉承老师，等等。这些个性缺点同学看不惯，就会有微辞，三句两句就吵起来了。

要解决这种学生的问题，笼统的批评和一般的惩罚用处不大，关键是让他们认识自己究竟为什么招同学"不待见"，也就是要让他们准确地认识自己的个性缺点。他们能改正这个缺点吗？不一定。凡属个性缺点，都有比较深的根源：遗传、家长潜移默化的影响、童年经历都有关。所以，要他们完全改变自己的个性缺点是很难的。比较现实的要求恐怕是让他们学会减轻或者收敛自己的个性缺点，只要做到这一点，他们和同学的矛盾就可以减少。在同学方面，当然就要提倡宽容，要告诉班里同学，人的个性都是有缺点的，只要他没有严重侵害他人，就不必和他较劲。比如明知他小气，你就别轻易向他借东西就是了；爱搬弄是非的，你少给他提供信息不就行了吗？

还有一种情况，那就是个别学生（有的还是班干部或者学生会干部）利用自己和某位学校领导或班主任的特殊关系在班里搞特殊化，甚至以权谋私，欺负同学，结果激起众怒，酿成冲突。遇到这种情况，教师就不要笼统地教育学生"互爱"，而要首先主持正义，要批评这种学生的不正之风。否则双方的矛盾是永远无法解决的。当然，处理的时候要尽量温和，因为他们毕竟都是孩子。

# 第二节　学习问题

## 一、不注意听讲

几乎每个学生都有不注意听讲、走神的时候。我们这里不讨论一般的不注意听讲问题，我们讨论的是严重的不注意听讲，即经常的、持续的、弥漫性的、公然的、屡教不改的、令老师无法忍受的那一类不注意听讲。

许多老师遇到严重不注意听讲的情况，都简单地认为是学生对学习不重视，或者不想学习。教师的对策，就是给孩子大讲学习的重要性，课上提醒、批评、罚站，赶出教室，再解决不了，就请家长，还解决不了，只好怀疑孩子有毛病。

这也太简单化了。

一个学生严重不注意听讲，首先应该看看他学习成绩如何。如果成绩还可以，甚至比较好，那可能有以下几种情况。

1. 他不是不注意听讲，而是在用他自己的姿态和习惯注意听讲或者比较注意听讲，因为其姿态与其他同学差别较大，很不"标准"，被老师误解了

他们有的人一边听一边动，有的人四处张望，有的人始终低着头，有的人眼睛很少看黑板，有的人手老不闲着。你认为他根本没听，其实他听见了。不信你叫他回答问题，他能答上来，考试成绩也不错。这种事情，小学生比中学生多。

这种学生，如果教师批评他不注意听讲，就冤枉他了。一般学生都缺乏明确的自我意识，他其实搞不清自己是否在注意听讲，小学生尤其如此。现在老师给他下了"不注意听讲"的定论，他会很迷惑，或者有点不服气，但是老师总是这样说，时间一长，他就真的相信老师的结论了，他开始认定自己是一个不注意听讲的人，于是就可能真的变成一个不注意听讲的人了。教师的主观判断可以把一个本来还算注意听讲的学生造就成一个不注意听讲者，这大概是教师万万没有想到的吧？不尊重科学，不研究实际情况，结果就会如此。

这种学生既然不可以批评，是不是就不必管他们了呢？不是。可以帮助他们分析一下自己的听讲姿态，在宽容和肯定的同时，劝他们作一些小的调整。比如他总是低着头，教师可以告诉他："你若是经常抬头看看，成绩可能会更好的。"

这种学生常常被老师冤枉，除了教师主观之外，还有一个教师的修养问题。因为他们听讲姿势别扭、出格，会引起老师的不快乃至愤怒，有些小心眼的老师，甚至会误以为他们在藐视老师，这就容易引发师生冲突。所以，面对这样的学生，教师必须有很大的包容性，只要他对别人影响不大，就不要跟他没完没了。

2. 他早就会了，听得不耐烦

这种情况也是小学生比中学生多。有的孩子早期教育很好；有的孩子家长文化水平高，能辅导孩子功课；有的孩子参加了各种课外补习班，提前预习，早就掌握了有关知识；有的孩子非常聪慧，听几耳朵就成了……这样，他们上课就可能不注意听讲了。鉴别这种学生的办法是教师讲点新鲜的、学生没有听说过的知识试试，如果发现他这时候支起耳朵听了，那就可以判断：这不是个不注意听讲的学生，只不过教师的讲课他"吃不饱"而已。教师若批评这种孩子不爱学习，那是大错特错，正相反，他们反而是爱学习的人，他们喜欢学习新东西，不愿意重复自我。

教师往往片面强调，即使你已经会了，再听一遍也没有什么不好，还说一些要尊重教师劳动之类的话。其实，让学生乖乖地坐在那里听早已掌握了的知识，是残酷的事情。成人遇到这种情况也会反抗的，何况孩子？而且这明显的是缺乏效率观念，浪费孩子生命。学生固然要尊重老师，老师也要尊重学生，否则就谈不到因材施教了。我主张遇到这种学生，给他一些自由，使他课上可以做自己喜欢做的事情，看课外书，或者学习更深的东西，只要他不影响别人，只要他能保持优良的成绩就行。

有的老师会说：你给他自由，他成绩立刻就下来了，怎么办？这是完全可能的。遇到这种情况，绝不要轻率地认定"可见不能给你自由"！不能因噎废食。应对这种学生说："在学习上，独立支配时间和分配精力是一件很不容易的事情，可是一旦学会了这种本领，对你未来的发展会有很大很大的好处。现在你的成绩有所下降，我相信这是你在精力分配方面缺乏经验造成的，请你重新安排一下，看看效果如何。"如果他经过一段时间能处理好了，则将有可能是一位尖子生。培养几个尖子生，教师何乐而不为！问题的关键是教师要从学生的实际出发，而不要单纯从自己管理的需要出发。俄国思想家、文学家托尔斯泰说过，迄今为止的教育措施都是为了教师管理的方便而设置的，并不是为了学生的发展设置的。我觉得这是打中了要害。

3. 课上不注意听讲而成绩不错，还有一种可能的原因是，课外会有人给他再讲一遍，他课上不必听了

这种学生也是小学生为多，尤其是小学低年级学生。我见过这种家长，学校老师讲的内容，家长回家必定给孩子再讲一遍，一对一讲解，更加掰开揉碎地讲。孩子感觉老师没有家长讲得清楚，于是上课就不注意听了，反正有家长做"助教"，"助教"比"教授"更敬业。教师遇到此种情况，查实之后，一定要把家长找来，告诉家长（这种家长母亲为多）："您在辛辛苦苦害孩子。"因为家长很难做到门门给孩子讲，更难以做到从小学到高中都能给孩子讲，家长为了提高孩子眼前的分数（孩子单独听家长讲，常常比在学校听

讲效果好，这是完全可以理解的），培养了孩子上课不好好听讲的坏习惯，一旦家长无法再给孩子单独上课，孩子会非常失落，不知如何是好，成绩就可能一落千丈。

请老师和家长千万注意，对孩子的个性可以照顾，也应该照顾，但是必须认真评估，只照顾那些确实需要照顾的地方。凡是能和多数学生保持一致的地方，决不要过分照顾，否则就是溺爱，反社会化，助长孩子的无能。我们的教师和家长如果不能把孩子的情况摸清楚，凭主观愿望工作，拿感想当科学结论，就可能同时犯两个极端的错误——一方面，对该照顾的地方拒绝照顾，表现为冷漠；另一方面，对不该照顾的地方却又乱照顾，表现为溺爱。

4. 有些不注意听讲然而学习成绩却不错的学生是自学者

这种学生中，中学生尤其是高中生较多。他们喜欢读书研究，而不喜欢听讲。他们可能是视觉学习者，耳朵不灵眼睛灵，同样的内容，听人讲一遍远不如自己看一遍。看书和听讲感觉是不同的，看书可以一遍又一遍地从容揣摩，听讲则往往只有一次机会，跟不上老师的语速，听讲效果就很差。有一些脑子转得不快但是理解能力很强的孩子，就适合自己看书自学，老师适当加以指导，这样效果反而更好。我若是遇到这类学生，查实之后，我绝不批评他们，我还会悄悄告诉他，你上课可以不听讲，自己看书，但是不能扰乱别人，看不明白的地方一定要来问。

上面我们说的是那些不注意听讲但是学习成绩较好的学生，我们把他们又细分为四种，分析了他们不注意听讲的原因，提出了对策。下面，我们来看看那些不注意听讲成绩又很差的学生，看看他们是怎么一回事。

遇到这种情况，建议教师首先了解一下，他是新近才这样的，还是从来如此。也就是一定要搞清楚，他不注意听讲是"新手"，还是"老手"。

那些"新手"，问题比较容易解决，因为他们不是不会听讲，他们本来是有能力注意听讲的，他们原来成绩也还不错，只是近期

（一个学期或一两年）被某种东西干扰了，一旦排除那些干扰，重新找到认真听讲的感觉，他们的学习成绩就会上升。

这些干扰来自何方？

有的孩子是不适应新环境，有的孩子是同学关系紧张，有的孩子是不喜欢任课老师，有的孩子是"早恋"，有的孩子是家庭关系紧张，有的孩子是身体不好、休息不好或精力不济。

遇到所有这些情况，我主张都不要进行空洞的说教和批评，而要切实帮助他们排除干扰。不适应环境的（例如小学升初中），要询问他们到底什么地方不适应，教他们学会改变自己以适应环境；同学关系紧张的，要帮助他们搞清原因，加以解决；不喜欢任课老师的，要做双方的工作，以缓和关系；"早恋"的孩子，要帮助和等待他们从感情漩涡中游出来；家庭关系紧张的，要搞清是亲子矛盾还是家长间的矛盾，给孩子和家长出点主意；精力不济的孩子，要查查他的营养和睡眠，必要的时候建议家长带孩子上医院检查。

下面我们该谈不注意听讲的"老手"了。这是一些"刀枪不入"的学生，久经考验的人。对他们来说，上课不注意听讲反而是常态，要是注意听了，那倒是例外。我们来看看他们是怎么回事，他们的问题还有没有办法解决。

我们可以把这些"老手"细分成两类。一类属于能力问题，就是说他们没有能力把注意力集中起来，这叫作"注意力"障碍；还有一类属于非能力问题，就是说，他们本来还是有能力注意听讲的，有其他原因严重压抑了此种能力，它发挥不出来了。怎样区别这两种人呢？我们可以去了解一下他所有学科的听讲情况，如果他几乎什么学科都不注意听讲，那可能就是注意力障碍；如果某些学科（例如副科）老师反映，这个孩子听讲挺认真的，那他就不是注意力障碍，而属于非能力问题。注意，有些家长往往对老师说："我们孩子看电视可专心了！"这不能成为孩子具备注意力集中能力的证据，因为看电视的被动集中注意力和学习的主动集中注意力是两码事。

为什么有些孩子连集中注意力的本领都没有呢？

有些是先天的，这是一种病态，最严重的甚至连看电视都不能集中注意力，这种孩子应该到医院去治疗，教师无法解决他们的问题。

但多数孩子不属于这种情况，他们的注意力集中能力多是由非智力因素的缺陷造成的。又可以分成以下几小类。

1. 对学习失去信心

这种孩子从小学习就失败，几乎没有成功过，他们已经放弃了学习，他们根本就认定，认真听讲也没有用处，反正考不好。任何一个人做没有奔头的事情，注意力都是不会集中的，这种学生的漫不经心、玩世不恭（尤其是中学生）、满不在乎，正是他们心中没有希望的表现。对他们大讲学习的重要性，等于雪上加霜，因为他们正是由于既知道学习重要又知道自己反正学不好才如此沮丧的。对这种学生进行惩罚效果也很差。为了躲开惩罚，他们会敷衍老师一阵，但是不会有根本改观 —— 他们的心是冷的。

所以，治疗这种孩子，最重要的是点燃他们心中的希望之火。不要批评他们——死猪不怕开水烫。要仔细寻找他们哪一科、哪一个地方学得稍好，加以鼓励和表扬。也就是说，对待这种学生，千万不可"哪壶不开提哪壶"，而要正相反，"哪壶开了提哪壶"。据我的经验，这样做即使学生成绩没有多大起色，起码他们的纪律情况会有所好转，这对班主任来说，就已经是烧高香了。

班主任不要试图一下子解决学生的所有问题，也不要以为这个问题没有解决就完全失败了。只要引导学生走向正确的方向，则此处不开花，彼处也会结果的。这种思路叫作"综合教育"，它着眼于提升学生的整体生存状态，而不是单打一地直奔某一个具体任务（提高某科成绩，或解决某个纪律问题）。

2. 基础太差，听不懂

任何人面对听不懂的语言都无法集中自己的注意力，学生自然也是如此。要锁定这种学生，可以询问本人和任课教师。还有一个办法是，如果你发现他新学一门与基础关系不大的科目成绩明显好一些，那就证明他是基础问题。基础太差，知识漏洞像筛子孔一样，要求他们注意听讲，是没有道理的；惩罚也不会有作用，他顶多给你"做听讲状"，搞个形式主义。这种学生，应该建议家长给他请家庭教师，从头补起。不要同时抓几门，只拣最有希望进步的一科补习，而且急用先学。如果能见到一些效果，他就会增强信心，然后继续这样一科一科地努力，能到什么程度算什么程度。

3. 习惯性懒惰

集中注意力是一件不容易的事情，很累人的。如果一个孩子从小就极其懒惰，遇事从不动脑筋想一想，永远在事物的最表面现象上漂浮，那么这种孩子是没有办法注意听讲的，他们甚至不能集中注意力听别人说完一段话。他们的脑袋里装了一大堆莫名其妙的"见闻"，杂乱地堆放着。给人的感觉是他们浮躁到了极点，完全不能静下心来，几乎完全不适合进行任何严肃的脑力劳动。他们是不是弱智呢？不是。当思考不需要聚精会神的时候，当思考不需要持续较长时间的时候，你会发现他们往往有聪明的闪光。

这种毛病是怎样造成的呢？据我的经验，这种学生的家长往往就是很浮躁的人，不好好听孩子说话。他们从来没有给孩子做过认真倾听的榜样，结果孩子压根儿就没体会到过认真听别人说话和认真思考是什么感觉。从小的娇惯则破坏了孩子的意志。电视和卡通书在这方面也起了很不好的作用，强烈震撼的刺激性画面特别破坏人的敏感性。这些东西几乎都不需要认真倾听，因为它已经把音量放到最大，灌到你耳朵里来了；它们也不需要思考，因为那都是一些作用于你的感官的煽情，它们让你激动，不会使你冷静，然而冷静是思考的前提。孩子接触这些东西多了，会变成一个感性的人，对任何理性的东西都不感兴趣了。他们集中精力哪怕5分钟也会觉得很累，他们没有坚持学习的起码意志力，最严重者，甚至上课完全不能进入学习状态。我把这叫作习惯性思想懒惰。

这种学生还有办法吗？如果他是小学生，我建议指导家长，以后不管工作多忙，一定要认真听孩子说话，家庭中可以专门讨论某个话题，每人发表意见的时候，他人必须认真听，然后拿出自己的意见。严格限制看电视、玩游戏机的时间。还有一个办法是，家长每天督促孩子大声朗读10分钟严肃的作品，坚持一年左右，或许有效果。如果该生已经上了中学，恐怕就不好办了。家长这时可能已经无能为力了。若有条件，家长可以送孩子去一个素质较高的亲戚家，那里的人若比较沉静，喜欢理性地讨论问题，或许可以对孩子产生一些影响。

教师对于这种习惯性懒惰的不注意听讲的孩子要尽量少批评。他没有听讲的能力，批评是不能增长这种能力的。对他们的要求，只能降低，你不降低也不行，能听多少是多少。教师不要认为这种孩子都能教育过来，尽力而为就是了。

4. *智力类型与众不同*

一个学生经常性地不注意听讲，而且成绩不好，还有一种可能是不能完全排除的，那就是他的智力类型与众不同，用我们通常的办法给他讲，他听不好，也学不好，但是如果换别的教学方式（比如在做中学、玩中学、合作学习或结合他的特长来学），他却可能很专注、很投入，效果也很好。

怎样鉴别这种孩子呢？

他们整体精神状态不萎靡，也不懒惰，品德不差，智商也不低，偶尔还会在某些活动中有出人意料的表现，他们只是不能适应我们现在的教学方法。对这种孩子，教师千万不要轻易作负面结论，也不要强迫他必须像老师要求的那样学习，最好去请教专家，帮他找到适合他的学习方法。

## 二、不完成作业

学生不完成作业，教师很头痛。很多班主任在这件事上花费大量时间：嘱咐，督促，检查，评比，奖励，批评，忙得不亦乐乎，可总还是有那么几个或一些同学，经常不能按时把作业本交上来。

学生为什么不完成作业呢？一般老师对这个问题都不去细致研究，他们只简单地断定，这是因为学生"不重视学习"、"厌学"、"贪玩"、"怕苦"，等等。归因简单，对策当然也就简单，无非是一方面大谈学习的重要性以期引起学生的"重视"，另一方面采用各种管、卡、压的办法迫使学生不敢不完成作业。

事实上，学生经常不完成作业，情况相当复杂，有多种原因，因此也就应该有多种干预方法。

我们分析这个问题，与分析"不注意听讲"的思路差不多，首先看经常不写作业的学生学习成绩如何。

如果学生经常不交作业，但期中、期末考试成绩还可以，能跟得上，甚至考得还不错，那是怎么回事呢？

有这样几种可能：

1. 书写障碍

这种学生听讲比较专心，发言也积极，有表达能力，总体上学习状态还是不错的，但是只要一涉及笔头作业，他就一百个不乐意。数学作业需要写的东西稍少一点，他还能做，像语文这种需要大量书写的作业，他死活不想做。这种情况千万不要贸然批评他"不想学习"，因为他可能是书写障碍。

书写是比看和听复杂得多的学习活动，需要眼、手、脑的多方协调配合。单从手来说，要把一个字写规整，需要手部十几块小肌肉同时动作，而且互相协作。小学生把字写得七扭八歪，或者笔画跑到框外去了，这常常不是态度问题，而是能力问题，他的手部小肌肉群没有别人发育得快，控制不好那支笔，自然没法写好。这时候家长、老师若对他们发脾气，说他们不用心，那就可能冤枉孩子。他做不到的事情，他是没有过错的。中学生情况有所不同，但是若感觉统合失调，写字也会遇到困难。迫于家长、老师的压力，只好在那里勉为其难地写呀写呀，很痛苦，管理一放松，就不写了。后来他发现，真的不写作业，家长、老师其实也没有多少办法，尝到甜头，以后索性就不写了。

如果经过诊断，发现某个学生不写作业确实主要是因为书写障碍，而不是学习态度问题，那我们就千万不要再乱批评他们了，也不要让家长每天逼迫他们写作业了。正确的办法是告诉他们：写字其实是一件并不难受，而且很有意思的事情。家长可以和孩子一起做一些手指游戏，以帮助孩子手部小肌肉群的发育；家长还可以故作热爱书法状，帮助孩子产生写字的兴趣；感觉统合失调的孩子，可以送到训练班做一些训练；握笔姿势不对（这会造成手部疲劳）的孩子，可以进行矫正；教师则要减少这种学生的作业，先不求多，不求美观，写了就好，逐渐增加，不急于让他和一般同学拉平。

2. 懒惰，靠小聪明学习

这种学生，看他写的字形和书写速度会发现，他们并没有书写障碍，他们能写得很好、很快，他们也曾经有过按时按量完成作业的历史，而且给他们一些压力，他们也能把作业写好。这种学生的主要问题是懒惰，而且他们胆子比较大。其实不愿意写作业的学生是很多的，但是不敢不写，这种学生就敢于不写，他们不太害怕惩罚。他们成绩并不差，靠的是小聪明。

这种懒惰任性的学生，几乎可以肯定是家庭教育失误造成的。有的家长从来不问孩子的作业写没写，孩子每天就知道疯玩，在家差不多处于无人管理的状态，小学低年级还写点作业，到高年级和中学，就放肆不写了。老师请家长，家长不去，或者去了，回家把孩子打一顿，继续放任不管。这种孩子完全没有良好的学习习惯，教育起来很困难。有的这类孩子长大一点就会好一些，所以对他们还要耐心等待。如果他家的经济情况还好，可以建议家长请一位家庭教师暂时陪伴他写作业，逐渐形成按时写作业的习惯后，家庭教师再撤出。如果学生家里经济困难，但孩子人品并不差，则可以考虑把他安排到一个同学家去每天一同写作业，以期逐渐使他形成写作业的习惯。学校若有放学后的辅导班，可以建议他们参加。总之，这是一类脑子聪明、思想懒惰、习惯不好的学生，转变这种学生不要有太高的期望值，能使他们有进步就好。

3. 嫌作业太"小儿科"

这种学生经常不交作业，但成绩不差，或者忽高忽低，有时还能考出令人吃惊的好成绩，别人都不会的题，他反而能做出来。平日成绩不见佳，也不见他用功，到了期末考试的时候，却能闹个上游。这种学生也给老师一种懒惰、靠小聪明学习的印象，但是你会发现，他们其实可能很爱学习。每当老师讲到他确实不会的地方，他都听得津津有味，有时还会问老师一些怪问题。如果某天作业难度很大，具有挑战性，他就爱做。这种学生的家长往往文化水平高，家庭有读书氛围，受到过良好的早期教育。他们明显地识字多，爱看课外书，知识面宽，平日说话词汇丰富。

这就是那种"吃不饱"的学生，老师留的作业对他们来说太"小儿科"了，做起来索然无味，提不起兴致，于是他们就"罢工"了。这种学生不是不爱学习，是我们的教学不能适应他们的知识结构。当老师的，不能片面要求学生适应自己的教学，在保证教学适应大多数学生的前提下，对于这种尖子生，要适当照顾。

尖子生有两种，一种是"显性尖子生"，主要特点是成绩拔尖，另一种是"隐性尖子生"，特点是目前成绩并不拔尖，或者很不稳定，但是具有很好的可持续发展条件。一个真正优秀的教师，应该能看出"显性尖子生"的真正实力和隐患，帮助他们扩大知识背景，避免平均用力，以进攻的姿态而不是单纯防守的姿态争取保持自己的优势。一个真正优秀的教师，也应该能识别"隐性尖子生"，给他吃点"偏饭"，给他留点难题，减去一些他做了也没用的容易题，甚至可以让他跳班。这样，他学习就起劲了，就有希望成为后起的尖子。

千万不要讽刺这种学生。"你有什么了不起的?""你怎么那么特殊?""你门门都考 100 分，我上课也让你看课外书!"这些都是完全错误的说法，会把一个未来的尖子生变成教师的敌人。

前面说的经常不交作业的学生，学习成绩还好，下面我们要说的不交作业的学生，是属于成绩不好的，排在班级末尾的。在经常不交作业的学生中，这种学生占的比例比较大。这合乎一般规律：不写作业，成绩就上不去；成绩上不去，就更不爱写作业。

这一类学生不交作业，也应该细致分析，情况并不一样，对策也不尽相同。

1. 没奔头，灰心了

人做任何事情，没有奔头，他是绝对不会起劲的，大人孩子都一样。每天忙忙碌碌挣不着钱的买卖，谁会努力去做？很多学生根本不爱写作业，原因就在于此。写作业对于他们来说，是一项没有奔头、没有希望的事情。他们心如死灰，不写作业不过是他们消极心态的一种表现而已。

灰心者又可以细分成两种，一种是整体灰心者，另一种是局部灰心者。

整体灰心者是完全厌学的人，甚至是厌世的人，对这种人谈完成作业，属于浪费时间、浪费感情。你想，一个人连学都不想上了，甚至连活都不想活了，你还跟他谈什么"明天一定要完成作业"，牛头岂对马嘴？所以，一位班主任如果发现某学生整体上处于心理崩溃的边缘（这需要班主任有一定的心理学知识和敏锐的观察力），那就不要和学生纠缠什么写作业问题，而要用主要的精力了解他的心理问题在哪里，加以干预。事实上这时候教师已经在一定程度上变成了心理医生，催学生写作业则成了次要工作。如果班主任的业务素质不能胜任此项工作，可以让学生去找学校心理老师或者医院的心理医生，班主任这时要做的是，先放学生一马，不要每天催逼他的作业，否则会干扰心理治疗，弄不好还会造成学生迅速辍学，或走向崩溃。

对局部灰心者比较好办，因为这种学生不是门门作业不交，而只是某一两门作业不交——他对这门课灰心了。面对这种学生，教师最容易犯的错误是"哪壶不开提哪壶"，学生按时完成作业的那几门老师提也不提，每天揪住不完成作业的科目批评了又批评，把学生弄得很绝望，索性门门都不做了，反正也是一个"不完成作业"的罪名。这不是促进，而是促退。正确的做法是先稳住阵脚，告诉学生："你不是不完成作业的学生，你只是某一两门作业有困难。我们慢慢解决。"然后帮学生切实找到他这一门课写作业困难在哪里，为什么灰心了，逐步加以解决。

**2. 作业不会做，或者障碍太多**

有很多不交作业的学生都属于这一类。他们写作业时写写停停，磕磕绊绊，困难重重，有的甚至大部分题都不会。老师又催得紧，怎么办呢？小学生或者家长文化程度比较高的中学生，就向家长求援，其他的人就打电话发短信问同学，或者干脆就头天不做，第二天早晨交作业本之前拼命抄别人的。在很多学校里，抄作业的现象很普遍。有的人抄作业是因为懒惰，其实他自己是可以做出来的，这是态度问题；可是也有不少人抄作业是因为他确实不会或者他的速度太慢，完不成。后一种情况就不是态度问题了，是能力问题。可是一般老师遇到学生抄作业的情况，往往不分青红皂白地一律进行道德谴责。这是很不妥当的，不但冤枉了一些学生，而且肯定不能解决问题，因为道德谴责是不能提高学生能力的，道德压力只对那些有能力独立完成作业的学生起作用，确实不会做题的学生挨一百顿骂也还是不会，甚至可能更不会 —— 你把他骂傻了。

他为什么不会呢？有可能是智力问题，有可能是基础问题（知识有很多漏洞，连不上串了），还有可能是暂时没有入门（几何、物理、化学常常会有这种现象）。

所以，教师面对一个经常不交作业的学生，千万不要急于批评、谴责、惩罚，一定要认真观察和询问，他到底会不会。如果发现他确实是不会，那就什么批评的话也不要说，该补课就补课，该请家教的建议家长请家教，该等待的等待（暂时没有入门的），而且应该允许他们在一段时间里不做或少做作业。

### 3. 挫折感

这种学生的主要问题不是学不会，能力还是可以的，他们也没有完全灰心（整体精神状态尚可），也不是懒惰（在其他事情上可以看出他的勤劳），只是写作业提不起精神来，经常不能按时完成。这种情况，有可能是受的挫折太多了。也就是说，教师和家长对他们的期望值超标了，而且太急躁了。无论他们怎么努力，总是得不到肯定，甚至作业按时完成了也会受到批评（还有错题、字写得不漂亮等等），成绩提高了也要受批评（没有达到教师、家长主观确定的"大跃进"标准）。教师、家长总是拿别人的优点比他的缺点，总是用自己理想中的他来贬低现实生活中的他。久而久之，他就会经常处于沮丧状态，对完成作业也就没有兴趣了。

这种学生不难鉴别，也比较容易帮助。只要老师和家长实事求是地肯定他的进步，他很快就会转变精神状态，作业完成状况也会好转。如果实事求是的表扬仍然不能使他改变，那他可能就是另外类型的人，要另换办法了。当表扬不管事的时候，家长、教师千万不要责备孩子不识抬举，应该首先想到的是，可能我们自己诊断错误，开错药方了。

### 4. 不喜欢这个老师

学生不交作业竟然是因为不喜欢教这门课的老师，这可能吗？可能。如果某个学生其他各科作业完成得还可以，本来这门课的作业也能顺利完成，自从换了某个老师之后就不交作业了，或者自从跟某位老师发生了冲突之后就不好好写作业了，那可能就是这种情况。孩子毕竟是孩子，他们常常情绪化地处理问题。他如果从心底里讨厌甚至仇恨某个教师，就会想："我干吗要给他完成作业？就不写！""我偏不交作业，我一定要考个坏成绩，拉下他的平均分，让他得不着奖金！"这不是我编的故事，是真实发生过的事情。

这其实是人际关系问题，不是作业问题。遇到这种情况，教师就先不要提什么作业不作业，而应该主动征求一下孩子的意见，接受孩子的正确意见。该倾听的倾听，该解释的解释，该道歉的道歉。关系缓和了，作业问题就解决了。有的班主任碍于面子，明知自己有错，也不愿向学生承认，这种情况下，学校领导就要出面，或者劝说班主任，或者和稀泥，总之要把关系弄好。万不得已，学生只好换班或转学。如果班主任和学生关系普遍紧张，必要时也需要撤换班主任，这是没有办法的事情。

## 三、马虎

这里说的马虎指的是学习方面的马虎，因为教师、家长最关心的是学习这件事，至于孩子平时生活中的马大哈现象，虽然也会惹教师、家长生气，但是过一阵也就忘了。只有孩子因为马虎而丢的分数，教师和家长才念念不忘，耿耿于怀，经常唠叨，惟恐孩子不改。

教师和家长面对孩子的马虎现象，一般对策是什么呢？一个是反复提醒。做作业和考试的时候，教师和家长千叮咛万嘱咐："你可千万别马虎。"第二个是吓唬："你要是马虎，成绩非下来一大块不可，那就考不上大学了！"第三个是斥责："你就是马虎！跟你说多少遍了，怎么还错？"第四个是惩罚：写错一个字，罚你100遍，看你还错不错。第五个是强调检查，要求学生答题之后必须检查或验算。有时家长帮助检查。

这些办法虽然都有一些道理，但是常常不能解决问题，许多孩子该马虎还是马虎，该出错还是出错，急死了老师、家长。最糟糕的是，你经常批评孩子马虎，反而给了他一件自我辩护的武器。有一些学生考试成绩不好，是因为他知识没有掌握，他却对人说："其实我都会，只不过马虎了！"马虎的说辞竟成了他逃避责任、欺骗自我的工具。我们告诉孩子"你马虎"，本来是希望他正确看待自己，结果适得其反，把他蒙蔽了。

所以教师和家长一定要注意，不管孩子事实上多么马虎，都不要给他贴"马虎"的标签，不说他马虎；但是在行动上，要切实具体地找到他马虎的原因，采取具体措施，帮他改正。多做实事，少来指责，这才是真正的教育。

马虎看起来简单，不过是粗心大意而已，其实是一种很复杂的心理现象。造成马虎有多种原因，解决的办法也就有多种。

1. 心急

有些学生写作业或考试的时候，总是急急忙忙、慌慌张张的，好像身边有什么人在催他们，于是做题就很容易出错。他们并不是害怕，他们的实力没有问题；也不是有什么不好情绪，他们的精神状态很正常。这是怎么回事呢？可能与他们的个性有关，这多半是一些急脾气的学生。

这种马虎解决起来比较容易。让他们在做题之前和中间做几次深呼吸，数若干个数，或者心里默念若干遍"静下心来，静下心来"，一般就会有效果，坚持下去，可以逐渐改掉心急的毛病。

2. 情绪不稳

这种学生整体精神状态不好，他们在家里或者学校遇到了什么事情，心绪不宁，注意力不能集中，因而马虎。亲子关系紧张，父母闹离婚，同学闹矛盾，丢失了心爱的东西，早恋，迷恋网吧，追星，都可能出现此种情况。一般说来，这类马虎是阶段性的，影响他情绪的问题一旦解决，他的马虎现象就会大幅度减少。遇到这种情况，教师如果能帮他解决遇到的问题，当然更好，如果一时无法解决（这是多数），那只好力劝学生尽可能稳住自己的情绪，控制自己的注意力。剩下的就是等待，没有其他更好的办法，不要企图药到病除。此时理解和疏导远比批评重要，如果批评，可能适得其反，马虎就有可能走向厌学。

3. 害怕

有的学生平时成绩还不错，一到考试就失常，越是重要的考试越发挥不出水平来，教师和家长就认定这是紧张造成的。其实不是这样简单。有一种可能是：这个学生只善于领会局部的知识，而不善于理解综合的知识，平时学的都是局部的知识，他掌握得不错，考试有些题目考的是综合的、灵活的东西，他的劣势就暴露出来了。这主要不是由于紧张。还有一种可能是，这个学生短期记忆能力强而长期记忆能力弱，平时学习多靠短期记忆，所以他成绩不错，期中、期末考试要靠长期记忆，而长期记忆不是他的优势，他成绩自然就下来了，主要也不是因为紧张。还有一种可能性是，他的平时成绩并不真实。平时作业可以抄同学的；小测验老师监场也不大严，做弊什么的比较方便，所以他的平时成绩看起来还行。家长、教师以为这就是他的真实水平，其实是上当了。到正经大考的时候，考场纪律森严，同学不敢也顾不得"互相帮助"了，于是他的真实水平就"浮出水面"了。这种学生考试当然也紧张，但是紧张绝不是他考不好的主要原因，他不紧张成绩也好不了。

上述几种情况，如果把紧张看成主要原因进行干预，显然难以奏效，那是吃错药了。我们这里说的是这种情况：他平时确实有一定水平，而考试又确实是因为紧张而没有发挥出水平来。

他为什么紧张呢？

是让家长和老师给吓的，给压的。我们的很多家长和老师都有一种不好的习惯，总是不加节制地给孩子施加压力，说是"人没压力轻飘飘"、"有危机感才有动力"。结果弄得孩子面对考试卷子，心里想的竟然不是题目怎么做，而是万一考不好老师的冷面孔、家长的训斥，甚至未来"扫大街，捡破烂"等等。他们的注意力都被吸引到考试的"后果"上去了，没有办法集中在考试本身上。而且心理学的实验告诉我们，人在面临过大压力的时候，智力会下降，有水平也发挥不出来。这不是简单的马虎，而是整体心理状态的失常。

所以我们希望教师和家长们不要给孩子过大的压力。家长和教师总以为，学生越害怕不良后果就会越重视学习，越重视学习效果就会越好，这都是很片面的。对一件事过分重视并不是好事情，这会导致恐惧。事实上真正不重视学习的学生很少，哪个孩子都知道不学习没有出路，再加压只有害处。教师和家长应该多想想如何给孩子以具体的帮助，而不是继续制造恐怖气氛。

4. 视觉障碍

有些孩子读书跳字，看书跳行，相似的字或字母混淆不清，人家一目十行，他却只能看几行，人家能看到整体，他却只能看见一个局部，他看不全，有时他写出来的字是反的，或者左右上下颠倒，有的没有空间感。这都可能是视觉障碍。有这种毛病的学生，无论在作业和考试中，都会出现一些莫名其妙、不可思议的错误。遇到这种情况，教师或家长如果判定为"马虎"，那就错了，如果再指责他学习态度不认真，那更是冤枉孩子了。

这种情况应该到有关医院去进行视觉测验，如果确定孩子有视觉障碍，那么解决的办法一个是进行视觉训练（比较简易可行的办法是进行朗读和抄写练习，注意任务千万不要过重，有错不要批评），再一个是尽可能多用另一种感觉器官学习（比如用录音机让他多听）。

注意这种学生不但会被误以为是"马虎"，还可能被扣上"多动症"、"捣乱分子"、"弱智"的帽子。这都是很不公平的，只能给孩子造成更大伤害，解决不了问题。

5. 思维滑动

你会发现有些学生每到某一类型的题目，或者某个步骤，或者遇到某一个字，就容易出错，反复纠正也改不了。当你把这个问题单独提出来的时候，他能够不出错，可是一放到整体的练习或考试中，却又错了，几乎给人一种屡教不改的感觉。

这是怎么回事呢？

这是习惯性的思维滑动，瞪着眼睛看不见自己的失误，就滑过去了。其实这是生活中几乎每个人都有的常见心理现象，只不过这种学生的思维滑动表现在学习方面较多，弄得比较刺眼就是了。这种毛病不算太难纠正。解决的办法首先是找到这个学生特殊的"马虎点"（也就是思维特别爱滑动的点），让学生记住，每到临近这个"马虎点"的时候，就提高警惕，一旦到了这个地方，闭一下眼睛，数几个数，然后再睁开眼睛往下做。也就是说，故意设置一个障碍，阻拦一下，避免思路滑过去。这和公路上设立"事故多发地段"警示牌的道理差不多。既然此处容易出错，我在这里停一下，就可以减少错误。

6. 缺乏责任感

这种学生不只学习马虎，凡是他不感兴趣的事情，他一概大大咧咧，错误百出而满不在乎。然而他确实感兴趣的事情（比如玩游戏机），他却很认真，很细致，并不马虎。可见他的问题其实不是马虎，而是缺乏责任感，没有把学习看成分内的事情，他是在给家长和老师学习，消极怠工，敷衍了事。

遇到这种问题，单从马虎入手，是绝对解决不了的。需要整体的治疗，改变他整个的生存状态，甚至需要从头培养他的责任感。关于培养责任感的问题，这里无法细说，只能简单地交代一下：把生活的任务交给孩子本人，把学习承包给他本人，家长、老师少提供过度服务和保护，孩子才可能有责任感。简言之，要培养责任感，先得让他负责任。

关于马虎问题，最后要强调的一点是：建立"错题档案"。

解决马虎问题，光"务虚"是不行的。世界上并没有做任何事情都不马虎的人，谁都可能马虎，只不过马虎的程度不同，范围不同，马虎点不一样。既然教师、家长打算解决的主要是孩子学习中的马虎问题，那就一定要把学生经常出错的地方找出来，把错误频率统计出来。为了做到这一点，就应该建立孩子的"错题档案"。把孩子作业本上、篇子上、考试卷子上所有的错题都保留下来，集中起来进行研究，找出规律，这才能解决问题。空洞的批评、笼统的鼓励，都是没有用处的。因此，我也不赞成每天家长都给孩子检查作业，把错题擦掉，改成正确的，因为这样就把错题掩盖了，到期末综合复习的时候，没有"错题档案"，资料不全，会吃亏的。我们不要为了平时作业本上的一个"优"字而耽误了总成绩。那属于目光短浅。

## 四、偏科

很多学生都有偏科现象。这里说的是严重的偏科，是指让家长、老师很心疼的偏科——如果不偏科，他本来可以考一个很好的学校，一偏科，希望就落空了。家长和老师又着急又生气，这一科你怎么就是学不好呢？偏科的学生，常见的瘸腿科是外语、物理和语文。有的学生本来各科都比较好的，到了中学，有的科说什么也上不去，工夫没少下，办法没少想，总是不见效果。这种学生，也可以算一种问题学生。其中有些人，纪律方面和品德方面不一定有什么问题，有的甚至还是好学生、班干部，他们只是为偏科而苦恼。这是怎么回事呢？

偏科首先可以分成两大类：原发性偏科和后发性偏科。原发性偏科是指从小就偏，后发性偏科是指后来才发生的偏科现象。这两类偏科性质是不同的，解决办法也不一样。

我们先说原发性偏科。原发性偏科从上幼儿园时就可以看出来了。有的孩子学儿歌、认字很容易，语言流畅，表达能力强，而识数和计算就很困难，怎么也记不住，"掰不开镊子"。这种孩子恐怕长大后就是一个学文科的材料，让他学好数学、物理，就难了。也有的小孩说话结结巴巴，儿歌背不下来，识字困难，但是一到数数、算术的时候，他就来情绪了，轻而易举就可以解决问题。这种孩子长大后多半是学理科的材料，让他当文学家，希望不大。

这种偏科是天生的，与遗传基因有关。不信你去打听一下，就会有一位或几位家长告诉你："我小时候就是这样。"这当然不能完全归结为遗传，因为父母的学习倾向和知识结构可能就偏向某个方面，对孩子也会有潜移默化的后天影响。

我的经验是，这种学生，要完全克服他的偏科现象是很困难的，要使他对从来就没有喜欢过的学科感兴趣，几乎是不可能的，那等于赶着鸭子上架，违背事物的本性，殊不明智。所以，对于原发性的偏科现象，家长和教师一定要放弃"人定胜天"的幻想，把自己的期望值调整到合适的地方，否则只会把孩子弄出心理疾病，甚至把教师、家长都弄出心理疾病。

但是我们的教育制度和招生制度很少照顾偏科学生，偏科就要吃亏，偏科就可能考不上好学校，影响前途。这怎么办？

我想比较现实的办法是不催不逼，而采取帮助的办法。告诉孩子："我理解你的感觉，但是有些科目不学是要影响总分的，所以你最好克制自己，尽力学好，学到什么程度算什么程度，能得多少分得多少分。你也可以同时在自己的强项上再加一把劲，尽量争取多得一点分数，以弥补弱项上的损失。"

还有一个办法，把他不感兴趣的学科挂在他感兴趣的事情上，有时也可以提高学习成绩。比如某学生特别讨厌英语，但是他喜欢流行歌曲，就可以建议他把某些英语单词和句了填在流行歌曲的调子里唱。我见过这种学生，运用这种办法有效果。

上面说的是原发性的偏科，下面要说的是后发性偏科。所谓后发性偏科，指的是，这个学生本不偏科，或者按他的智力类型不至于偏科，结果却偏科了。这主要是外部原因造成的。我们来看看有哪些情况会造成后发性偏科。

1. 漏洞扩展

学生无论学哪一门学科，都可能由于种种原因出现一些知识漏洞，如果能及时补上这些漏洞，没有什么问题。可是如果自己忽视了，家长和老师也没太注意，学生的漏洞就可能扩大，大到一定程度，就听不懂新课了，这种情况理科和外语最明显。学生越听不懂越不爱学，不爱学就更跟不上。渐渐地，就会在感情上厌恶和躲避这门课，于是偏科了。

这种偏科必须用查漏补缺的办法解决，但是如果偏科的历史比较长，那还需要在情感上克服厌学。有些家长逼着孩子参加假期补课班，不一定能解决问题，因为这种补课往往是上大课，无法针对每个学生的特殊漏洞来补救，甚至可能仍然听不懂，徒费时间。最好是请善于诊断的家庭教师来给孩子进行一对一的教学，先"侦察"，找到孩子漏洞所在，再补漏。如果漏洞太多，补不胜补，那对补课老师的要求就更高了，他不但应该能查清学生的漏洞，而且应该能判断，先补哪些东西最有利于他听新课，最有利于他取得成绩而增强信心。只会按部就班串讲的老师，不能胜任这种工作。

2. 失败感扩展

有的学生走向偏科并不是因为知识有多大漏洞，而是学这科总是得不到表扬，成绩总不理想。学生一般都是这样，哪壶开提哪壶，哪壶不开不提哪壶，某一科能得到好分数，老师表扬他，对他微笑，他就越学越有劲；如果老受挫折，看不见老师的笑脸，他就会越来越消极，时间长了，就可能形成偏科。

其实，这种老师不一定对学生有成见，他只是教育方法比较严厉而已。一般学生能适应各种老师，有的学生性格特别敏感，受不了老师这种教育风格，就容易有失败感和挫折感，这门课再长期不换老师，就容易造成这类学生学不好这门科，他把心劲都用在其他学科上，形成偏科。

解决这个问题，一靠教师转变观念和教学态度，二要对这种学生进行心理疏导。一般说来，中学生比小学生要好做一点。

3. 师生关系紧张

如果教师对学生抱有成见，或者学生对教师抱有成见，或者家长对教师抱有成见，影响了孩子，师生关系紧张甚至对立，学生这科的成绩就可能迅速下降。关系不能好转，时间长了，这门科就"瘸腿"了。严重的时候，即使换了老师，他也跟不上了，因为落得太多了。这种偏科是很可惜的，完全是"人祸"。解决这个问题，要看主要问题在哪方面。是老师的问题，学校领导要做老师的工作；是家长的问题，学校领导要做家长的工作（班主任自己做不容易成功）；是学生的问题，也要由校方出面教育。

以上讲的是学习方面的问题生，主要说了"不注意听讲"、"不完成作业"、"马虎"和"偏科"四种类型。

# 第三节　心理和品德问题

## 一、早恋

早恋问题已经沸沸扬扬地讨论多年了，至今还是社会的热门话题，也是教师和家长的重点难题。事情已经弄到了这种程度：所谓的"青春期教育"几乎和"防早恋教育"变成同义词了。防早恋的教育又被简化成性教育；性教育又被简化成了"性知识"教育。"青春期教育"一路"缩水"，越来越狭窄，钻进了牛角尖。

我们抨击早恋的时候，往往从社会影响、社会不良风气开刀，可是解决早恋问题的时候，却又从学生的生理因素入手，大讲性知识。学生的性知识固然缺乏，但是他们的长辈当年性知识不是更缺乏吗？为什么那时早恋现象不像现在这样风起云涌？想主要用普及性知识的办法解决早恋问题，实在是头疼医脚、脚疼医头。其实防止早恋的重点应该是健康感情的教育，自尊教育，幸福观教育，这才能与社会影响相衔接。

现在对于早恋，最流行的说法是反对生堵硬截，应该进行疏导。这种说法当然是对的，然而已成陈词滥调。怎么疏导？很少有人细致研究，无非是说教而已。例如用早恋的恶性案例吓唬学生呀，用"学生的主要任务是学习"来开导学生呀，甚至还有人用过分肯定早恋的合理性来讨好学生。这些东西，学生已经很熟悉了，虽然不能说全错，但是往往不能解决问题。为什么？因为它有一个致命的弱点——没有做到具体问题具体分析，不能对症下药。

早恋其实是有很多类型的，并没有统一的、固定的教育方式。

早恋有共同的原因：青春期的性萌动、性躁动、性紧张。从这一点来说，早恋有其合理性，但是我们不应过分强调这种合理性。青春期的孩子，几乎每个人都有不同程度的性萌动、性躁动、性紧张，这是正常的，并非流氓，也不是犯罪。但是这不等于说屁帘还没摘就给小伙伴写"情书"就是正常的，也不等于说中学生在校园明目张胆谈情说爱是合理的，就好像人人都希望有钱是正常的，但是我从别人的口袋里摸钱就不行了。君子爱财，取之有道。同样道理，君子爱异性，恋之也有道，乱来不行。学校不是婚姻介绍所，中小学生谈恋爱是违反纪律的，虽然学校在执行纪律的时候绝对需要谨慎从事，一切要从保护和教育学生出发，但是这个底线不能突破。现在有些专家学者，不知为什么，竟然把青春期的学生都"性化"了，在他们看来，男孩个个好色，女孩人人怀春，早恋不可避免，早恋不可抗拒。要是这样，教师都兼任媒婆岂不更具"人文关怀"？心理学研究告诉我们，孩子度过青春期的状态是各不相同的，有的轰轰烈烈，有的平平静静，有的稍有曲折。青春期孩子的注意力重点和精力发泄重点也各不相同，对异性的兴趣是不一样的，不是都表现为严重的性紧张。也就是说，在青春期没有早恋现象的学生，不能认为不正常。"性化"青春期的孩子，是一种误导。

由于社会风气越来越"花"，由于家庭教育失误，由于学校举措失当，由于同学间"交叉感染"，如今中小学校园里的早恋现象已经很普遍了。在有些学校和有些班级，不早恋者反而成了另类。在这种情况下，家长、教师还想用祖传的围追堵截、纪律处分、"动之以情，晓之以理"来解决问题，常常会碰钉子。采用新式的"我理解你"的办法，则会推波助澜。怎么办呢？只有引导。然而什么是引导？很多人都没有细想过。引导并不是简单地告诉学生："你那条路走不通，你要沿着我给你指出的路走才行。"这样做，引导者也太自我中心了，学生一般都会抵触的。高明的引导应该是先查清孩子正往哪个方向走，搞清他的具体路线（情感路线和思维路线），然后陪他一起走，暗中推他一下，拉他一下，让他在不知不觉中转变方向，回到正确的轨道上来。

第一种办法，围追堵截、纪律处分、"动之以情，晓之以理"属于"面对面的教育"。教师、家长一开口就摆出了一副"我要教育你"的架势，这最容易引起学生的逆反。第二种办法，高明的引导，是"肩并肩的教育"。表面上和学生走向同一方向，这就不致引起他的逆反心理，然后暗中"做手脚"，悄悄转变学生。第三种办法，"我理解你"。这种教育倒也是肩并肩的，可惜教育者跟着被教育者跑了，教育变成了纵容。第一种是教师、家长自我中心，第三种是教师、家长失去自我，只有第二种，既不主观，又不放弃教育者的身份，才是最合适的。

引导的前提是搞清早恋学生的情感路线和思维路线，搞清的过程就是诊断过程。所以要解决早恋问题，家长、教师非学会诊断不可。发现早恋问题，在没有"确诊"之前，家长、教师千万不可轻举妄动，否则是很危险的。

下面，我从原因角度给早恋来一个分类诊断，然后谈谈每一个类别的学生，应该怎样教育。

1. 前青春期的"过家家"式早恋

一般这是发生在小学生中的事情。其主要特点是模仿性、易变性、非持续性、非弥漫性、易受周围影响。

所谓模仿性，是说他们说的话，做的事情，都是跟大人、跟电视上学来的，他们并不清楚自己在说什么、做什么。有时候他们的言行会把老师、家长吓一大跳，你会以为这么点的孩子思想复杂透顶，简直太可怕了。其实你细问他，常常会发现，他懵懵懂懂，是在跟着别人胡说。

所谓易变性，是说他们早恋往往没有明确的目标。今天跟这个好，明天就又宣称"爱"另一个人了。也许因为一句话，一个动作，就"翻车"了，"分手"了。

所谓非持续性，是从时间角度说的。小学生的早恋，很少有一天到晚想着某个人的，它是一阵一阵的。早上早恋，到中午就忘了，晚上说不定又想起来了。

所谓非弥漫性，是从空间角度说的。小学生的早恋，一般不会弥漫到他的全部生活。他的注意力很容易转移，刚才还大谈什么"爱"，一转脸就全是足球明星了，等到看见了妈妈，又马上变成小娇孩了。给人的感觉，早恋不过是他们生活上贴的一块补丁。

所谓易受周围影响，指的主要是容易受同学影响，受班风影响。如果他的好朋友都有"心上人"了，他也会急急忙忙找一个。为什么要这样做？他也不知道。旁人写小纸条，他也来一张，甚至写给谁都不知道。他的小伙伴说："你给小丽吧。我看你们俩儿挺合适的。"他就傻呵呵地给人家送去了。

总而言之，站在成人的角度，我们很难认真地把他们的这些举动看成"恋爱"，有不少其实就是披着"恋爱"外衣的友谊或者一般的异性交往，说这是"过家家"的游戏，可能更合适·些。"过家家"不是有"结婚"的游戏吗？孩子们是纯洁的，即使说出下流话来，也不表明他们思想肮脏，甚至还有的小孩发生了性关系，那也不是流氓，而很可能是出于模仿和好奇。

所以，我主张，对于小学生的所谓"早恋"不要大惊小怪，不要扣帽子，不要公开谈论，在公开场合甚至应该一口否认。比如某个眼尖嘴快的学生跑到我这里来告状说："王老师，不好了！文文说他爱上莉莉了！"我就回答说："那怎么了？我还爱上你了呢！这有什么稀奇？"他会说："老师，不是您说的那种爱。是……是……他们两个搞对象呢！"我就会说："你别瞎说！"我先把这件事压下去，找个机会再悄悄跟文文谈，告诉他，你喜欢谁是你的自由，但是你不能骚扰别人，不能违反学校纪律。而在公开场合，我仍然坚持没有这回事情。经验证明，用这种办法，比较有利于平息事态，也比较有利于保护和教育学生。有的教师遇到此种事情，满腔道德义愤，大惊小怪，在班里点名不点名地进行斥责，在办公室随便议论，把家长请来告状，甚至发动全班同学"不要理他"。这种做法是很不妥当的。一方面会对当事学生造成很大伤害，另一方面实际上做了扩大宣传，结果本来不知早恋为何物的男孩女孩们也受了刺激，偷偷干起这件事来了。老师的教育适得其反。

但这里说的是一般情况。有的小学高年级学生，年龄较大，又比较早熟，或者是女孩（女孩可能比男孩懂事早），或受家庭影响，可能想得比较多、比较深，那就要更认真地诊断了。请参见下面的分析。

2. 家长关注孩子不够造成的情感饥渴式早恋

这种早恋中小学生都有，中学生为多。你会发现这种孩子只是特别渴望和异性朋友在一起，他们的性冲动并不严重，多数也没有多少过分的举动。他们的需要主要是情感需要，而不是性需要。有些女孩子和男友拥抱接吻甚至发生性关系，问她们为什么这样，她们会说：为了不让男友失望。其实她们自己并没有性要求，或者性要求只是第二位的。

出现这种早恋的原因，主要是家长对孩子关注不够或者关注不对。有些家长只顾自己挣钱，有些家长只顾自己吃喝玩乐，置孩子于不顾。另外一些家长极其关注孩子，可惜关注的只是考试分数，还有生活起居，从来不关注孩子的感觉、情绪、喜怒哀乐，亲子之间没有情感交流。人是需要有人关怀和尊重的，人是需要有倾诉对象的，家长和教师不能充当这样的角色，孩子就会自己去找。一旦有一个异性同学特别注意我，我和他特别合得来，我就可能愿意多和他来往，越走越近，就可能"恋"上了。

我的经验是，这种情感饥渴的学生如果有同性的知心朋友，则早恋的可能性就会减少。其实我们可以大致上认定，这种学生的早恋，开始只是想找一个异性的知心朋友，满足自己的情感饥渴，旁人误以为早恋，或者对方确实想"恋"，于是就从友谊滑向早恋了。

教育这种早恋生，关键是满足他们的情感需要。

不要批评他们早恋，而要和他们聊天，了解他们的情感需要。家长如果尚未发现孩子在早恋，教师就不要告诉家长，但是要指导家长和孩子沟通，做孩子的忠实听众。如果家长已经发现孩子早恋，那就告诉家长，孩子早恋固然不对，但是根子在家庭，一定要让家长认识到自己的失误。如果家长根本管不了孩子，或者家长拒绝自我批评，只想教训孩子，那么教师可以让家长尽量少说话，由教师来代替家长走进孩子的心。教师可以帮助他找知心朋友。如果这个学生和异性的交往已经到了难解难分的地步，教师千万不要硬拆，可以找个机会向对方说："据我了解，他其实只是想找一个知心朋友，并没有更多的意思。你们就做知心朋友吧。"如果这个学生是女生，如果教师已经取得了她的信任，应该推心置腹地告诉她，交朋友和谈恋爱不是一回事，你要注意保护自己，不能轻易答应对方的非分要求。

3. 单亲家庭造成的寻找情感寄托式早恋

单亲家庭的孩子早恋的比例是比较高的，这也与情感饥渴有关。

单亲母亲带一个女孩，孩子缺乏父亲的关爱，她就可能从心底羡慕人家有爸爸，羡慕男子汉气概。她缺少父亲，就要找父亲。如果在班里遇到一个能保护她的男生，或者显得很"男人"的男生，或者脾气秉性有点像她父亲的男生，她就可能凑上去。军训时遇到男教官，在学校遇到男老师，这种女孩都可能动心，她们在补偿自己的缺憾，虽然她们自己可能完全没有意识到这一点。

单亲母亲带一个男孩，这男孩也可能早恋。为什么？因为孩子长期缺乏父亲的影响，身上就难免少点阳刚之气，言谈举止不够"男人"。这种性格在学生中是要受嘲笑的。青春期的孩子都好较劲，为了显示自己是个大男人，他就可能采用早恋的办法。"我都有女朋友了，还不是个大男人吗？"他就用这种办法证明自己。

单亲父亲带孩子，容易缺乏细腻的情感沟通，孩子也容易在学校寻找安慰。

单亲家庭子女的情感饥渴与双亲家庭孩子的情感饥渴区别是什么呢？

你会发现，单亲子女的早恋对象往往是以不在身边的家长为蓝本的，而双亲齐全的学生，早恋对象则不是这样。女孩父亲不在身边，她就可能喜欢一个性格与她父亲相似的男孩；男孩母亲不在身边，他就可能喜欢一个性格像他母亲或者外貌像他母亲的女孩。如果这个单亲子女对不在身边的家长很怨恨，比如她非常仇视跟母亲离婚的父亲，那她就可能找一个性格与父亲反差很大的男朋友。这也是情感饥渴，渴望"换一个父亲"。

如果经过教师的调查研究，锁定了早恋的学生确实属于单亲家庭造成的心理补偿式早恋，那么教师的首要工作就不是教育学生，而是指导家长。要告诉他们，离婚照样可以使孩子得到父母双方的关爱，很多单亲家庭子女照样优秀，并不早恋。重要的是夫妻离婚不要成为仇人，夫妻成仇最大的受害者是孩子。离婚的夫妻应该像朋友一样经常走动，应该不时就孩子的教育问题交换意见。要让孩子感觉到，她既不缺爸爸，也不缺妈妈，至于爸爸妈妈的关系，那是他们大人的事情。如果离婚后一方远走高飞了，那可以想别的办法补偿。比如孩子爸爸远走了，妈妈可以请孩子舅舅或叔叔常到家里来，或者妈妈的男同学、男同事，都可以在一定程度上补偿孩子没有爸爸的情感饥渴。

如果这种学生年龄比较大了（初三以上），而且和老师的关系比较好，能听进老师的话，老师可以试探地告诉他："你的行为，与其说是在找异性朋友谈恋爱，不如说是在找一个爸爸或者妈妈的替代者。这是你性格不成熟、独立性不强的表现。"说这样的话，或可促使学生清醒，控制自己的行为。

4. 父母不和造成的心理补偿式早恋

夫妻不和，经常打架，这种家庭状况对孩子的不良影响有时比父母离婚还要严重，也可能造成孩子早恋。

为什么呢？

因为父母若长期不和，经常争吵，这个家庭总是充满火药味，孩子就缺乏安全感。缺乏安全感的孩子肯定要寻找安全感。如果她在同学中发现某个异性能给她安全感，就可能主动接近人家，形成早恋。

这种学生，如果你问她："你喜欢对方什么？"她会告诉你："我和他在一起心里踏实。"

但是一般说来，这种早恋，双方关系是很不稳定的。原因很简单：父母长期不和的孩子，缺乏对异性的信任。这种孩子往往疑心很重，处处疑心，势必会把对方看得很紧，这就容易引起对方的反抗，于是两人很快就打起来了——像自己的父母一样。

一旦出现这种状况，父母不和的孩子往往会迅速走向另一个极端——害怕异性，躲避异性，甚至仇恨异性。在没有经验的教师看来，他不早恋了，恢复平静了，专心学习了。其实从心理变化角度看，更危险了。

也有些父母不和的孩子从一开始就躲避异性，长大会有恋爱恐惧症和婚姻恐惧症。他们也不会给班级管理带来多少麻烦，但是最终会给社会增加一个"问题公民"。一个真正优秀的教师，应该能发现这种问题，进行干预，或者建议孩子去找心理医生。

遇到这种学生，教师的首要工作当然也是指导家长，务必减少学生家庭中的硝烟。麻烦的是，家庭生活是人家的私事，教师不便插嘴，所以我们只能从教育孩子的角度给家长一些忠告：为了孩子的心理健康，请二位和好，或者停火，至少应该不当着孩子的面吵架。同时，教师可以在班级尽量给这种学生创造安全的环境，保护他不受伤害。教师还可以介绍他去同学家玩，而那些同学的父母不打架，夫妻关系和谐，家庭气氛和睦。这样做是为了让这种学生知道：家庭不都像你们家那样，你完全可以不走你父母的路，争取将来建立幸福的家庭。

急急忙忙通过早恋寻求安全也好，对异性拒之千里之外也好，都属短期行为，只图眼前痛快。当一个孩子真有建立未来幸福家庭的长远目标的时候，他的早恋反而会停止的。他更理智了。

5. 父母行为不检点，或者行为不端，刺激孩子性紧张引起的模仿式早恋

有的学生家里住房条件不好，孩子和家长挤在一间屋子里，父母

又不大注意，有些事情让孩子看见了，刺激了孩子的好奇心和性紧张。还有的学生家长行为有问题，或举止轻浮，或拈花惹草，或满嘴黄色语言，这些，也可能使孩子早早知道了他不该知道的事情，刺激了他的性紧张。他要模仿父母的行为。

这种学生往往是早恋的"先行者"，而且他们的早恋有明显的特点。一个是张扬。女生搔首弄姿，男生动手动脚，身上带一股"邪气"。第二个是他们的早恋感情色彩不浓。他们是讲"实效"者，求速效者，对外部动作更有兴趣。第三个是他们往往饥不择食，对早恋对象的选择缺乏个性色彩，很表面，不挑剔。这种学生给老师的感觉是比较粗俗，有的老师甚至会觉得他们"不要脸"。

这种学生对班集体的破坏作用较大，而且经验告诉我们，教育这种孩子，家长往往指望不上。教师当然可以在和家长的谈话中暗示他们言行检点一点，但是恐怕作用不会有多大。教育这种学生，恐怕主要得靠学校。

这种学生绝对不适合在集体场合批评他们的早恋，跟他们个别谈恐怕也作用不大。怎么办呢？一个办法是发挥他们的长处，转移他们的视线，让他们少想点这方面的事情。同时，一定要注意搞好班风。要把班里最正派的同学团结起来，暗中抵制他们的邪气。比如说他们在班里说下流话，做不堪的动作，告诉同学，尤其是异性同学，不要看他，不要理睬他，这就是对他最好的帮助。这种学生，只有在没有市场的情况下才能进步。要暗中教育异性同学，对他保持警惕，不要单独和他在一起。如果他失去理智，对同学进行性骚扰，那一定要查清事实，给予处理。必要时，要给纪律处分，不可不了了之。但是宣布处分的时候，措辞要委婉，给他留点面子，毕竟他还是未成年人。

6.学生父母想抱孙子支持孩子搞对象造成的奉命式早恋

这种事情多发生在农村中学。学生年龄较大，父母并不希望孩子上大学远走高飞，只求他长大留在身边，成家立业，自己抱孙子，享天伦之乐。家长有这样的愿景，行动上就会支持孩子早恋，甚至可能允许对方孩子住在自己家，当儿媳或女婿待。

这种学生的早恋，特点是现实而稳定，浪漫色彩不浓。他们恋爱是要结婚的，目的明确，行动有板有眼，背后有家长的强力支持。

教师要硬行拆开这种早恋，恐怕未必明智。你拆了半天，结果很可能人家最终还是结婚了，过些年干脆抱个小娃娃来管你叫"爷爷"或"奶奶"。这不是挺好吗？很幸福的呀！弄得你感觉自己当年真是多事。

所以我主张，如果查清确实属于这种早恋，就干脆把他们二位都找来，说："你们两个好不好，我不管，但是我要尽教师的职责。你们必须检点自己的言行，在学校不准张扬。倘若闹得满城风雨，我就要请学校执行纪律。另外，你们要认真考虑一下，将来靠什么维持生计，想好各自的前途，确定各自的目标，互相支持。"

这种事找家长恐怕没有什么用处，家长是不会改变自己的价值观念的。

麻烦的是下述情况：双方家长目标不同。其中一个孩子的家长一心想早抱孙子，目标实惠；另一个孩子的家长一心想让孩子上大学，目标远大，不允许孩子谈恋爱分心；可是两个孩子又难解难分。这就不好办了。经验告诉我们，这种情况也不能硬拆，首先要稳住双方家长，不要互相攻击，不要逼孩子，然后再稳住两位同学，告诉他们，你们是学生，先上学，至于二人的关系和两家的关系，暂且搁置，毕业后再说。

以上说的早恋，主要责任都在家庭，在家长。下面我们要谈的早恋，学校、教师、社会、学生本人，就要负相当的责任了。

7. 同学起哄造成的弄假成真式早恋

不要小瞧这种事情。学生中有不少早恋都是起哄哄成的，学生称这种事情为"拴对儿"。用起哄的"线"一拴，就拴成"一对"，很厉害的。

为什么这种办法会造成早恋呢？

因为人人都有一种心理，渴望别人注意自己，喜欢自己。而对于青春期的孩子，异性的注意和喜欢，不管真假，都有难以抗拒的力量。比如我是一个中规中矩的孩子，心无杂念，目不斜视，正经是个好男生。我本来可以平平静静过日子的，无奈有一位"拴对儿"者总在我耳边说："某某女生喜欢你，不信你看她的眼神，瞧你的时候，不一样就是不一样。"我当然会斥责他"胡说"，可是心里不知怎的就动了一下，我还发觉我其实爱听他这么说，而且渐渐注意自己的衣着打扮。更奇怪的是，上课的时候，我会不知不觉往她那边看，每当她出现的时候，我总想出点什么风头。诸君看得明白，我已经五迷三道，明显不对劲了……

很多早恋，就是这样促成的。班里要是有这么几位"拴对儿专业户"，那可就热闹了，弄不好很快就会"百花齐放"的。

所以，教师如果发现这类早恋，必须及时查出谁是"拴对儿专业户"，及时进行批评制止。此事如同灭火，速度越快越好，事不宜迟。

教师在这种时候特别容易犯的错误是公开在班里批评此种现象，那等于漫天泼水，火是扑不灭的，弄不好还会起反面宣传作用，搞得那些没被人拴上对儿的学生也巴不得红绣球砸到自己脑袋上来。如此，局面就可能失控。

正确的办法是找准火源再泼水。要暗中找那几位"拴对儿专业户"谈话，予以警告，命令他们闭嘴，但是在班上却要装作若无其事的样子。

经验告诉我们，最容易成为"拴对儿专业户"的，常常是以下几种学生：

第一种，早恋的"风头人物"。他们是早恋的"明星"，同学议论的焦点，老师正在批评甚至准备处理的人。这种人一方面对自己能出风头有些自豪，另一方面又很害怕。他知道自己做了错事，知道"出头的椽子先烂"，知道随时都可能"倒霉"。为了保护自己，他就可能用"拴对儿"的办法，鼓动其他同学都早恋，这样可以增强自己行为的"合理"色彩，也可以减轻身上的压力——法不责众嘛。

第二种，早恋的"后备军"。这些学生已经跃跃欲试，但是缺乏胆量，或者家里管得甚严，或者是好学生（被身份限制），或者尚缺乏经验。他们要走向早恋的实践，先要"演习"一番。给别人"拴对儿"，帮别人传小纸条送信，替早恋者当"灯泡"（在早恋者二人外加一个第三人，非"第三者"也，对早恋起掩饰作用），都是重要的"演习"方式。这是早恋的"准备活动"。

第三种，傻呵呵的人。也有些给同学"拴对儿"的学生其实是傻呵呵的，他就图个热闹，跟着起哄，好多内情他根本就不知道，人家也不告诉他。

这三种学生都需要批评。但是批评之前，一定要先调查，掌握他们给别人"拴对儿"的确切事实。没有确切事实宁可先不批评。三种人都不要轻易请家长，但是都可以用请家长吓唬他们。对第一种人，要严肃警告。告诉他，本来学校就准备处理你，你若态度好，还可以从轻，若竟然在班里兴风作浪，惟恐天下不乱，那学校可就不客气了。对第二种人，要比较温和地批评。告诉他们，要学会控制自己的感情，要热爱班集体，不可以无中生有闹是非。对第三种人，也要严肃批评。告诉他们，不许扰乱集体，做事要有头脑，否则可能被人当笑料。

8. 班集体早恋风气触动的"跟风"式早恋

在一个班级或者一个学校，如果早恋已经成风，那就可能像浪潮一样，把一些原来并没有早恋意向的学生卷进来。被卷进来的学生的早恋，就是"跟风"式早恋。跟风式早恋常常来势凶猛，教师猝不及防，有时会把老师很信任的学生或学生干部也拉下水。一个班集体出现跟风式早恋，是班主任工作不扎实、情况不明、见事迟的表现，如果再不及时采取措施，下文就是失败。

为什么好端端的学生会跟在人家后面学早恋呢？

因为中学生人人都有早恋的心理因子——青春期的性意识。班风正，学生注意力集中在其他更有意义的事情上，早恋因子就会受到抑制；如果班风变坏，人心摇荡，早恋因子就会发育起来。

还有，学生都有从众心理，看人家干什么，就可能模仿。周围同学都有了"女朋友"，我的心能不动吗？再说，人家都出双入对的，手里情书一大把，只有我形单影只，无人问津，那岂不证明我缺乏魅力？说不定人家会议论我有病呢！受不了。好歹我也找一个吧。这是一个规律：当一群人都得了病的时候，其中健康者反而会被认为是有病的。

遇到这种情况，教师在查清事实之后，要采取断然措施。一般有两种办法。一种是"抓尖"，即把班里早恋最肆无忌惮的、影响最坏的一两个人（不要多）抓出来，给予纪律处置，压住早恋之风，至少也先逼其转入地下。然后做跟风早恋那部分人的工作。这部分人因为本来就不属于早恋积极分子，是比较容易稳住的。

早恋一般不适合公开谈论。但是如果一个班级已经成了公然的风气，那必要时可以索性开班会讨论早恋问题，敞开让同学讨论和争论。教师事先做好正派骨干的工作，务必让正气压倒邪气。这时候教师要理直气壮地指出早恋的害处，指出早恋违纪。教师态度越坚定（是一种很沉稳的坚定，不是大发脾气），效果越好。

注意，大局初步稳定，只是工作的开始，后面还要做一系列细致的工作，对早恋的学生进行分类教育，分轻重缓急地、一个一个地帮助他们。同时，要组织班集体搞适合青少年特点的活动，增强班集体的凝聚力，把学生的注意力从早恋引开。有的老师遇到这种情况，采用拼命抓学习，连续考试的办法，想让学生没有时间早恋。这么做效果往往不佳，还是组织课外活动效果好一点。

9. 教师处置不当造成的逆反式早恋

异性学生正常交往，如果遇到一位思想比较保守的老师，或者心理有点问题（过敏）的老师，或者思维方式非常死板的老师，就可能认定他们是早恋。有的老师心里不满，没说出来，这还好一点；有的老师很莽撞，竟然当着学生的面给人家"定性"，这问题就大了。学生会很委屈，很生气，会激烈地申辩。这时候如果教师发现情况不对，有所收敛，还可以稳住学生，不把事闹大。可惜有些教师刚愎自用，凡是他认定的事情，只要学生不承认，他就认为学生是狡辩，就施加更大的压力，非让学生认账不可。学生百口莫辩，有冤无处申，气愤之极，出于青春期的逆反心理，就可能这样想："反正我怎么说你也不信。不就早恋吗？我索性就真恋了，也不枉背一个早恋的罪名。"还有一种可能是，学生很善良，看到对方受了老师的冤枉，就加以安慰，被安慰者于是对对方产生了好感。都是天涯冤枉人，同病相怜，一来二去，真的相恋了。

逆反式的早恋，其实是教师"拴对儿"拴出来的，只不过这是"客观拴对儿"，而不是"主观拴对儿"。教师做这种事，实在说不上明智。

有的老师会说："难道我看见学生早恋，应该放任自流吗？那不是失职了吗？"

看见学生早恋，当然不能不管。问题是首先要搞清楚，这是不是早恋。请注意，教师主观设定早恋标准是不行的。男女生拉手，激动时候的偶然拥抱，亲昵地坐在一起，找一个没人的地方单独说悄悄话，在留言簿中写一些"我爱你"之类的话，互相传两张小纸条，都不能轻易认定是早恋。现在的孩子越来越开放，再说还有代沟，我们不能拿我们小时候那种标准来衡量他们。教师应该走到学生中去，向他们调查，问问他们心目中的早恋是什么标准。虽然我们不一定同意学生的标准，但是调查之后，教师起码可以减少一些大惊小怪。要知道现在很多老师在学生心目中早已成为"出土文物"了，孩子们常常在背后嘲笑老师迂腐，教师对此应该有所反思。

有些学生之间的交往确实是暧昧的，人人心知肚明，但是你抓不住拿得出手的证据，这种时候，教师万不可以把事情说破。你说破了他不承认，你毫无办法；你说破了他恼羞成"恋"，你更麻烦。所以比较聪明的办法是装没看见，若有人检举，就说："没有那么回事！"嘴里虽这样说，心里可要留一手，要采取一些具体措施隔离他们。兵来将挡，水来土掩，学生来暗的，教师也不要轻易来明的。

逆反式的早恋，重在预防。如果教师已经犯了错误，把学生逼成了早恋，则即使教师向学生承认错误也晚了，人家已经有感情了。只好用其他教育方法了。

10. 学习受挫、情绪低落，用早恋的办法来寻找寄托的精神安慰式早恋

家长和老师都知道早恋影响学习，却往往不知道，学习会在更大程度上影响早恋。

学习上的失败者，早恋的可能性要比成功者大。人都会本能地躲避曾经多次失败的事情，学习失败者讨厌学习，害怕学习，尽可能远离学习，除非不得已，绝口不提学习。然而他们正是精力充沛的时候，不谈学习谈什么呢，不摸书本干什么呢？他们肯定就会热衷于学习以外的事情。有的老师这样评论某些学生："只要不说学习，他有精神着呢！一说学习就蔫了！"这就对了。这是学习失败者最正常的心态。这种心态，则是早恋最好的温床。此种早恋生，与其说是刻意要早恋，不如说他们没有正事可干，用早恋来安慰自己。

对这种学生，讲大道理是没有用处的，他们什么都明白。他们知道早恋错误，早恋有害，甚至知道对方实际上瞧不起自己。老师会问，你既然都知道，为什么不浪子回头，好好把学习搞上去呢？他们当然有时会这样想，还真的会抛弃杂念，专心地在学习上拼一下。这时候老师往往欣喜若狂，觉得自己的工作大有成效。但是不久就发现他又故态复萌了。为什么？不是故意骗老师，也不完全是意志薄弱，他有实际困难，就好像长跑比赛，人家领先他好几圈，他确实追不上了，猛跑半圈，终于又泄气了。这时候如果老师批评他说话不算数，说他屡教不改，这类道德谴责恐怕就有点文不对题。一个人确实做不到的事情，道德水平高也是做不到的。这样批评，弄不好学生会跟老师翻脸的（他没有路了）："我就这样了，你怎么着！"

其实这种学生的主要问题并不是早恋问题，而是学习失败，早恋从某种意义上说竟是"迫于无奈"。所以教师做工作时，可以先不提早恋之事，而全力解决他的学习失败问题。无论如何要想办法让他在学习上见到成绩（哪怕小成绩），让他看到亮光，有点奔头。这科不

行抓那科，主科不行抓副科。

如果这种学生的学习确实想尽办法也提不起来，怎么办呢？可以让他在集体活动中出点风头，如果是高中生，甚至可以建议他先退学去打工。总之，必须给他的精力找到一条良性渠道让他发泄，否则早恋对他就像吸烟一样，明知有害，也非吸不可，不吸闷得慌。

11. 成绩很好，但是学得非常疲倦，生活很枯燥，搞点早恋来休息的放松式早恋

班干部、团支书、好学生早恋起来，最让老师震惊、恼怒、失望。老师怎么也想不通：他怎么会干这种事呢？他不应该呀！

好学生就不应该早恋——这只是教师的一厢情愿，并没有充分的科学根据。好学生的早恋现象或许要少一些，或许更隐蔽一些，其实也是很普遍的。而且正因为教师相信他们，不怀疑他们，他们早恋的机会有时反而会更多——他们常常会打着"工作"、"帮助同学"的旗号接近异性的。

优秀生为什么会早恋呢？

原因很多。其中重要的一条是，他们太听话了，负担太重了。他们每天循规蹈矩，非礼勿视，非礼勿听，非礼勿言，非礼勿动，戴着面具过日子，活得相当地累。他们心里着实羡慕那些差生，想说什么说什么，想干什么干什么，自由自在。所以你会发现有些很好的学生竟然和班里某个差生"谈"起来了，教师愤愤不平，百思不得其解，觉得自己简直受了侮辱。其实这是不难理解的，这位好学生正是到差生那里补偿自己失去的"自由"去了。至于好学生和好学生早恋，那可能是二位都很累，都想放松，"松"到一块去了。

过度的学习压力，过于枯燥的生活，是好学生早恋的温床。

解决这个问题的办法不复杂：一定要适当减轻学生负担，要给学生放松的机会，要给他们"疯玩疯闹"的时间和空间。生活多彩了，学生的精力发散到各个方面去了，早恋就会减少。生活过于刻

板，早恋就可能成为学生惟一能玩的游戏。

12. 其他事情上无法领先，但早恋有点资本，用早恋来出风头的自我实现式早恋

人总是想要超过别人，至少要有超过别人的地方，以证明自己存在的价值。所有人都是这样，学生当然也是这样。我们见到一些学生，学习学习不成，体育体育不成，没有什么特长可以拿来夸耀，连打架都打不过人家。他们怎么实现自身的价值给别人看呢？如果这种人有一张漂亮脸蛋，如果他们家长有权有势有钱，他们就可能以此为资本，拼命追求名牌服装、高档手机、MP3，而且会不停地交异性朋友。总会有些虚荣的异性孩子被他们的外貌、名牌、钱财、家长的势力所吸引的。于是，他们就可以用早恋的方式来实现自我，为自己的生存价值辩护了。"你看，有人喜欢我。这不就证明我有价值吗？"

这种学生的早恋很难制止，因为早恋是他的精神食粮、救命稻草，你若不让他早恋，等于要他的命了。

所以，教育他们，教师切不可莽撞。刻薄的老师会指责他们："瞧你考的那点分数，你还给人家传小纸条。有资格吗？"绝不可以这样说话。如果你把他早恋的资格再取消，他怎么活着？早恋犯错误，这是一回事；早恋对他的意义如何，这是另一回事。教师不可以只站在管理者的角度指责学生，而要设身处地地为学生着想，帮他找一条精神出路。

教师的根本任务是细致研究他们，帮他们寻觅另外的可以出风头、可以达到自我满足的渠道，来分流和转移他们对早恋的注意力。我的经验是，这种学生往往还有其他潜能可挖掘，有些他们自己可能都不知道。教师可以引导他们尝试各种有益的活动，也可以建议家长这样做，一般说来，总能找到另外的精力发泄渠道。这种学生追星、迷网，有时也可以暂时对早恋起缓解作用的，必要的时候，教师可以采用"几害相权取其轻"的办法加以引导，但这对教师的灵活性要求很高。

13. 媒体影响造成的童话式早恋

有些学生是文学爱好者，是文学少年、文学青年，他们特别爱读"青春文学"，爱看表现青年人生活的电视剧（例如琼瑶作品），看得又哭又笑，如醉如痴，身陷其中不能自拔。看完了就开始做梦，梦见心中的白马王子或者公主，然后就开始恋爱。有时他们自己也写一些东西，在其中发泄。

有的孩子眼界很高，只爱梦中情人，对现实生活中的同班同学不屑一顾，觉得班里的早恋现象属于"庸俗"。这种清高的孩子可能会爱恋歌星、影星、球星、科学家什么的，长大以后会对恋爱对象百般挑剔，弄不好最后会独身一生。至于眼前，他们每天神魂颠倒，也会影响学习和正常生活。教育这种学生，教师的首要任务是促使他们从梦中醒来，但是又不要生硬地打碎他们的梦，不要迎头泼冷水，否则他们会恨死你的。引导他们接触一些现实生活中的恋爱婚姻案例，可能有好处。

有的孩子有了梦中情人之后，就到现实生活中来落实。把班里某个同学想象成完美的对象，热烈追求之，不遗余力地为对方的一切缺点辩护。这种孩子醉了，跟他们讲道理是说不通的。教师比较明智的办法是，一边控制他们的过于刺耳、刺眼的言行，一边耐心等待他们梦的破灭。一般说来，他们很快就会发现对方远不是自己想的那样完美，于是吵架，于是分手，于是失落。等到他们已经惆怅了，教师再找他们谈，告诉他们，人不能在梦中生活，要面对真实的自我，面对真实的社会。

按说这一类文学爱好者的早恋应该是比较有内涵的，比较高雅的，过去也确实是这样。可惜近些年青春文学风起云涌，良莠不齐，中间有些小说、散文竟然提倡"乱爱"，提倡厚脸皮的情欲满足。一些学生受了这种东西的影响，早恋很猖狂，很放荡，有些竟然像成人中的不良分子一样，恋了一个又一个，完全不负责任，甚至拿耻辱来夸耀。这种学生腐蚀性和破坏性很大，教师要及时发现，提出警告，必要时要通过学校给予处理。

上面我们把中小学生的早恋分了13类。必须指出，这种分类只是观察早恋的一个角度，早恋完全可以从另外的角度观察和分类。另外，分类只是为了研究和叙述的方便，其实在现实生活中，多数学生都不会单纯地属于某一类，其问题往往是复合型的。所以教师进行干预的时候，一定要综合地思考，灵活地处理，千万不可机械照搬本书的建议。

最后我们再强调一遍：中小学生的早恋问题，一般都不宜公开处理，不宜进行道德谴责，不宜贸然请家长。最常用的办法是先稳住大局，调查研究之后再干预。不但要学会出手干预，还要学会静静等待。

## 二、偷拿钱物

现在学校里丢东西的现象日益增加。老师们应付的办法一般有以下几种：

1. 吓唬

"拿人东西是小偷，犯法！""不交出来，后果自负！"这种办法效果很差，小学生听到这种吓唬，会吓得更不敢承认了，久经考验的中学生则不会在意老师这种虚张声势。

2. 诈

"我已经知道是谁了！坦白从宽，抗拒从严！"如果你连一点线索都没有，这种办法也没用。

3. 老师去翻

班里丢了东西，老师亲手去翻学生的书包甚至口袋。这是违法的。即使真的能翻出来，也等于事先把所有学生都假定成"犯罪嫌疑人"，这会伤害很多学生的自尊心；要是翻不出来，则不但伤害了学生，而且降低了教师的威信。

4. 发动同学互相翻

这也是违法的。没有公安机关的搜查证，任何人都不得随便搜查别人，教师没有这个权利，学生也没有。教师自己出马搜查学生，已经滥用职权了，若发动学生互相搜查，等于进行反法治教育。即使这样确能找到"赃物"，也不可以这样做。

5. 大事化小法

老师还有一招，对学生说："我相信这位同学不是有心拿人家东西，他一定是忘记还了。我希望他能主动把东西交给老师，要是不愿意让我们知道，可以悄悄把它放回去。"这种办法只是对那些思想基础较好的、初犯的学生会有效果。

6. 良心发现法

老师发挥自己的特长，讲故事，讲道理，讲拿别人东西如何如何不道德，讲受害人如何如何悲惨，讲"罪犯"的思想斗争、恐惧、内疚和悔恨，讲你犯错误会给你父母添多大麻烦，等等。讲得学生良心发现，就来承认错误了。这种办法，成功率也不高，因为人要偷拿别人的东西，前提就是要驱逐自己的良心。如果良心在心灵的大门口正常站岗，他是不会偷拿别人东西的。他自己让良心"下岗"了，老师能把它呼唤回来吗？困难。

可以看出，上述 6 种方法有一个共同特点：缺乏从事实出发的逻辑推理，都是条件反射型的，情绪型的，很不专业的。

我以为，遇到这种事，最好像公安人员破案那样做。如果眼前有线索，自然可以顺藤摸瓜；如果眼前没有明显线索，最好暂时不提，以免促使学生议论纷纷，破坏班级稳定。等到大家都忘记了此事，教师却要暗中寻访，"破案"会比较容易。

总之，处理这种事，一要有大局意识，二要有"破案"能力。

我相信，许多老师遇到这种事只会采用一些虚张声势的甚至违法的对策，根本原因不是急躁（虽然这也是重要原因），也不是因为缺乏法律知识（老师都知道这样做不对），而是"破案"能力不够。没有某种能力，就处理不好某类事情。搞不清事实，就谈不到教育学生。情绪化的、鲁莽的办法其实是没有办法的办法。

有人也许会问，那样教师岂不变成警察了吗？

　　警察破案的目的是维护法律、维护社会秩序，教师"破案"的目的是教育学生。警察也有教育犯罪嫌疑人的任务，但那不是主要任务。警察的主要任务是让犯罪者受到应有的惩罚，还受害者一个公道；教师的任务则是保护和教育每一个学生，包括"作案"者和受害者。警察在破案的过程中，可以对犯罪嫌疑人采取强制措施，可以审讯他，教师不可以这样做。学生是未成年人，警察面对他们，都要客气三分，更不用说教师了。

　　但是就破案的思维方式来说，教师与警察没有多大区别，都要抓住线索，进行推理，进行排查，都要向嫌疑人和知情者进行调查。如果老师没有这种本领，没有这种思维能力，就破不了"案"，就不能维护班集体的安定，就会降低自己的威信。

　　其实学生犯的"案子"一般都比较简单，"破案"应该比较容易，他们毕竟是孩子，想不出多少花招。可惜很多老师十分缺乏破案意识和能力，尤其糟糕的是，他们有一种教育者的职业病——遇事首先不是考虑我怎样把它查清楚，而是高扬道德义愤，总觉得学生"不应该如此"。这不是科学态度。科学不讲"应该不应该"的问题，警察们很少讨论犯罪嫌疑人应该不应该犯罪的问题——事情出来了，我的任务是先把它搞清楚。

　　很多教师都有一种不良的思维习惯，他们总觉得学生都应该符合老师的要求，不符合就生气。要告诉这种老师：世界不是为了让您满意而存在的，学生不是为了讨您喜欢而活着的，您得先承认学生的任何表现都是一个客观存在的事实，搞清这个事实的来龙去脉、前因后果，然后才可能对他施加教育影响。学生偷拿同学财物，这是一个事实，空洞地谴责这个现象是没有什么用处的，只有查清事实，才能教育本人和大家。教师如果缺乏真正的"破案"本领，他就容易犯两个极端的错误——或者用过分迁就的办法"哄"犯错误的学生（美其名曰"感化"），或者进行违法检查和"审讯"。所以我主张对教师进行"破案"专题培训（特别注重福尔摩斯式思维的训练，而不是侈谈什么"爱"呀、"严"呀），切实提高教师的能力。

教师中还普遍存在着另一种错误想法，他们以为偷拿同学财物的学生都是因为没有认识到这种做法的错误，觉悟太低，一旦他们经过老师的道德说教认识到了自己的错误，提高了觉悟，就会改正。这是非常天真和片面的看法。事实上偷拿别人钱物的学生极少有不知道这是犯错误的（只有小学低年级学生或有此种情况），他们都是明知故犯，所以，对他们进行说教，讲偷东西如何如何错误，纯属浪费时间，浪费感情。但我这样讲，并不是说这种错误没法教育或者可以不管，我的意思是说教师要少做无用功，要把精力真正用到有实效的教育行为上来。事实上，学生明知故犯的原因是很复杂的，所以我主张一个个进行诊断，对症下药。

很多教师还有一种毛病，当没有确凿的证据证明确实是某个同学偷拿了钱物时，他不能理性地先按"不是他"来对待和处理，而是跟着感觉走，"不是他是谁？没有别人！"于是，或者公然认定"罪责"，或者话里有话，或者改变原来对这个学生的态度。这都是很危险的，容易冤枉好人。而在这种事情上冤枉学生，常常会给他造成终生的伤害。主观认定不能代替严密的推理，严密的推理不能代替证据，能最后定案的惟有证据。没有证据绝不能下"偷东西"的结论，绝不可以感情用事。在没有证据的时候，能不能先肯定学生"无罪"，能不能若无其事地对待他，这是考验教师素质高低的一个重要标准。经验告诉我们，如此对待绝不是放纵，而且并不妨碍以后"破案"，甚至还可能对今后的"破案"有好处（弛懈了"作案"者的警惕性）。学生中发生的这类盗窃事件，很少有紧急的事情，很少有人命关天的大事，早两天"破案"晚两天"破案"关系不大。既然如此，何必急赤白脸？实际上，与其说是案情急迫，不如说教师心情急迫。一急迫就容易失误，这种失误造成的后果可不像批评学生没完成作业那么简单，教师宜慎之又慎。总之，盗窃事件，绝大多数都适合"冷处理"。以上我们说的是偷拿钱物问题认识和处理的一般原则，下面我们具体谈谈偷拿钱物问题有哪些类型，具体的干预办法是什么。

我们可以从动机角度把偷拿他人钱物的毛病分成以下类型：

1. 不良习惯型

这种学生的特点是，别人的东西乱抓，自己的东西丢了也不知道。这种事情小学多于中学。常常会有学生到老师那里"报案"，说是有人偷了他的东西了，甚至还煞有介事地指明嫌疑人，但很快东西就找到了，原来是他自己乱丢乱放造成的。还有时某同学声称自己丢东西了，而且发现自己的东西好像在某某同学手里，等到老师一本正经地盘查某某同学的时候，某某同学却大大方方地说："是我拿的呀！我使使怎么啦？"老师又问："你使别人东西，征得人家同意了吗？"某某竟然会说："那多麻烦呀！"让人哭笑不得。这类事情，说不上是"偷"，但会给班主任带来很多麻烦。弄得教师不耐烦了，就懒得管了，然而一放松，那些真偷东西的学生可就得意了，可以浑水摸鱼了。假偷掩盖了真偷，假偷做了真偷的烟幕弹。

所以，班主任如果发现班里丢东西现象比较多，不要发现一件查一件，打"遭遇战"，打被动仗，而要先把假偷现象大幅度减少，摘出来，这样才能使真偷现象无处藏身，露出原形。

怎样大幅度减少同学乱扔乱拿现象呢？一是要指导家庭教育，二是在学校要立些具体的规矩。

乱扔乱拿现象根子在家庭。许多独生子女由于家长的娇惯，没有把自己的东西整理得有条有理的良好习惯，乱摆乱放，用罢不知收拾，也没有保护自己东西的主权意识。在家中是"小皇帝"，我的就是我的，你的也是我的，经常侵犯家长主权，家长无原则容忍，使孩子形成了侵犯别人主权不当回事的毛病。看见别人东西好，就想据为己有，完全自我中心。许多独生子女也没有自己丢了东西要负责任的意识，这是因为他们从小丢了东西家长不让他们负责，丢了就再买一个。在学校丢了东西自己不想负责，又心疼，只好报案，增加教师负担。教师如果只在学校穷于应付，那是治标不治本、事倍功半的办法。应该面向家长，指导家庭教育。

比如可以给家长出以下的主意：在家中要分清家长和孩子的不同"领地"。家长不可轻易侵犯孩子的"领地"，不要轻易动孩子的东西，也不允许孩子轻易侵犯家长的"领地"，不能随便动家长的东西。这样，孩子就可以逐渐建立起"主权"意识，懂得保护自己的权利，也懂得尊重他人的权利。孩子的用具和玩具，用完了，要他自己整理，家长可以教他整理的方法，但不可代劳，否则孩子就会养成乱扔东西的习惯。如果他自己不整理，一旦找不到东西，家长不要帮忙，要作壁上观，让他自己吃苦头。孩子丢了他不该丢的东西，必须有惩罚。少用口头批评，要动真格的。比如扣他若干压岁钱，少买一个玩具，停看几次动画片，取消一次出游活动等。总之，必须罚得他心疼，下次他才会小心。如果孩子丢了东西不负任何责任，他何乐而不丢？孩子丢了东西，家长不加惩罚，就是纵容。现在很多孩子毫无责任感，这是重要原因。

在学校，为了避免无穷无尽地找东西，教师可以和学生一起商量钱物放在什么地方；什么时候应该带什么东西，什么东西不可以带到学校来；丢了什么东西向班干部报案，丢了什么东西才需要向班主任报案，丢了什么东西应该个人负责，不许报案；哪个班干部负责提醒大家带东西，重要交费要由家长亲自送来等。所有这些都有规矩，丢失钱物的现象就会大为减少，真正的小偷机会就少了，他们如果作案，也就比较容易破案了。

2. 心理型

这种学生偷拿人家财物，是由于某种心理问题。有的学生会因为同学不爱理他而偷拿人家钱物，有的学生会因为人家说他一句伤自尊心的话而偷拿人家钱物，有的学生会因为嫉妒人家的学习成绩好而偷拿人家心爱的东西来解恨，有的学生会因为口角或打架吃亏而采用偷拿钱物的办法来报复，有的学生可能会因为某人抢走了他的女朋友而报复，等等。还有人用栽赃的办法报复，自己拿了钱物，制造假象让老师同学怀疑某人，以便报复他。

这类偷拿钱物有个特点——对人不对物。它的目的并不是要占有这些钱物，而是对钱物持有者造成伤害。我拿了你的钱包，把它扔掉；我偷了你的手机，把它毁掉；我不想要这些东西，我想要的是：让你难受。

教师可以凭经验和猜测判断这类事情。如果怀疑是这类情况，教师就要仔细询问受害者平日都和谁发生过矛盾，和谁有宿怨，可能被谁嫉妒，然后顺藤摸瓜。注意，这种案子，把盗窃者抓住，使他承认了错误，赔偿了损失，并不算完，要切实解决他的心理问题，才能使他不致重犯。是人际关系问题就解决人际关系问题，是心胸狭窄问题就解决心胸狭窄问题，是正常反应但方法不当问题（比如受了侮辱，就偷他东西来报复）就解决方法不当的问题。

教师一定要注意，这类偷拿钱物（多数是物不是钱）问题基本上不是品德问题，而是心理问题甚至认识问题，这种学生显然不是惯偷，事情是偶然发生的，而且一般有明确的对象。偷东西，占有钱财，不是他们的目的，而只是手段，他们是用这种手段惩罚或反抗对方。如果他们没有能力进行其他方式的斗争（嘴皮子功夫不够，说不过人家；个子小，打不过人家）采用这种方式也是可以想象的。所以教师要避免过多地和他们谈是非，避免过多的道德说教。教师不但要让他们认识到自己的手段是完全错误的，而且要帮助他们解决心理问题，告诉他们怎样想事、怎样行事，才能避免矛盾、化解矛盾。如果教师不寻根探源，只抓住他们"偷东西"这个现象大加道德鞭挞，那等于只吃退烧药不追病根，后果往往很不好。这种事，不适合公开处理。

还有一种盗窃现象很特殊，但也时有发生。偷窃的学生平日表现不错，甚至是优秀生。班里屡屡发生丢东西现象，即使最有想象力的人也不会怀疑是他，结果事实证明就是他，而且他坚持不懈地长期偷东西。最奇怪的是，他偷的这些东西对他并不一定有什么用处，他行窃的对象也和他没仇没冤，甚至还是好朋友。事发之后，人人震惊，老师找他谈话，问他为什么这样，他会说："我也不知道。"让人觉得他真是狡猾到了极点，又不可思议到了极点。请注意，这种情况不一定是学生品德有问题，很可能是一种心理疾病。他什么道理都明白，他也不是坏孩子，只是控制不了自己，身不由己地就会去偷，偷来就在那儿放着，他自己也不知这有什么意义，只是每次偷完，都会感到一种莫名其妙的满足。这种孩子可能童年受过心理伤害，或者长期受压抑心理能量不得释放，或者有病态的收藏欲和占有欲。遇到这种情况，教师应该建议学生去看心理医生，而不要按通常的办法"动之以情，晓之以理"，那是文不对题的。把东西还给同学，告诉大家，他这可能是一种心理疾病，他不是坏人，就可以了。

3. 品德型

这种学生偷拿钱物，主要是品德问题。他们的价值观不正确，以占别人便宜为乐，以不劳而获为本领，甚至认为偷是一种正常的生存方式，就好像一种职业。这种学生偷拿钱物的一般特点是：有前科，屡教难改；羞耻感较少或很少；作案手段比较高明，有一些反侦察能力；不拿出证据死不承认。还有一个特点是，他们往往认为天下所有的人其实都偷东西或想偷东西，只不过自己最倒霉，恰巧被抓住了而已。这说明他们已经在某种程度上确认了自己"小偷"的身份了，把别人也抹黑，只是为了减轻一点自己的心理压力。这种学生男生女生都有，你会发现他们的家长往往是爱占小便宜、有劣迹的，或者是溺爱无边的，或者是放弃不管的。如果这种学生与高年级的差生或社会上不良分子有联系，那他们的问题就更大了，弄不好将来就是公安局的"客人"。

教育这种学生相当困难。要注意，虽然他们的问题确实是品德问题，但是解决问题的时候却不能从品德入手，因为经验告诉我们，那不起作用。对付这种学生，应该从破案入手。偷东西的学生并不怕你给他扣帽子，不怕你大发脾气，甚至也不怕你请家长，他真正怕的只是一件事——掌握实情和证据。所以教师遇到盗窃事件，应该把主要精力集中在"破案"上，少在唱道德高调上浪费精力。

对偷东西的学生，最好的帮助就是让他们每次都被抓住，每次都不能得逞，每次都占不了便宜，次次失败。这样，他才有希望接受教训，有所收敛。在此基础上，才谈得到提高他们的道德水平。一个小偷频频得手，你还跟他大谈道德，他岂不认为你是傻帽？

教师在破案的时候，要像警察一样认真。具体的注意事项是：

注意作案动机。如果有好几个嫌疑人，就要首先考虑最有动机的人。比如说丢了钱，那么最值得怀疑的就是消费欲特别强的人，还有急需钱用的人。

注意作案时间。不管某人多么值得怀疑，只要有确实的证据证明发案时他不在现场，你就只能先把他排除，考虑别的人。作案时间要尽可能查得精确，尽可能缩小范围，时间范围越小，破案越容易。

注意消费情况。偷钱都是为了花钱，所以我们能从消费情况发现问题。某同学并不富裕，可是近来出手却很阔绰，那就不妨问问他，何时发的财，谁给的钱。比如他说是父母给的，就问给了多少钱，然后向父母核实，再与他的消费情况一比照，就能搞清问题。有的孩子偷了钱暂时不花，那就要等一等，反正他要花的。破案，常常需要等待，脾气急是不行的。

注意物品来源。如果发现有些学生增添了新物品（比如高档手机、MP3等等），与他的家庭经济情况和平日消费能力不符，那就要留心，这里可能有文章。

注意反常举止。班里丢东西之后，如果发现有些学生行为反常，比如不爱上学，讨好同学，躲避老师等，这些也是疑点。但是这种疑点只能作为线索，不能作为证据。要特别小心教师抱着成见怀疑一个人，"怎么看怎么像是他"，这是很危险的。还有的孩子胆子特小，班里丢了东西，其实和他没有关系，他也害怕，结果举止反常，被老师怀疑甚至冤枉。要注意保护这种孩子。

作案动机，作案时间，消费水平，物品来源，反常举止……所有这些情况，最清楚的不是老师，而是学生，因为他们生活在一起，能互相看到各自的全息形象，不像教师，往往只能看到一个或几个侧面。所以，要破案，必须走群众路线。有的班主任甚至在班里建立"小侦探"队伍，这样，可以改变教师单枪匹马、孤军奋战、蒙在鼓里乱发脾气的可笑形象。我觉得必要时甚至可以考虑安排"线人"，只要不耽误他学习，绝对保证他的安全。

4. 被迫型

这是偷拿钱物的特殊类型。这种学生偷拿钱物，是被迫的。比如有高年级同学威胁跟他要钱，不给就要打他，如果告诉家长和老师就打死他。他胆小不敢声张，只好想办法搞钱。开始当然会从家里拿，可是如果家里的钱拿不到手，或者已被父母发现，而勒索者又催逼甚急，无奈之下，他也可能铤而走险，偷同学的钱以求过关。他不是坏学生，这也不能简单地看成品德问题。这种案子一般都比较好破，因为这种学生完全没有作案经验，不是这个料。教师破案之后，如果发现他偷东西和平日表现完全对不上号，就要注意，先别批评，好好问问他，为什么要偷。如果他躲躲闪闪，所陈述的理由不能自圆其说，那就应该耐心做工作，鼓励他说出实情。一定要把勒索者找出来，绳之以法，绳之以纪律。之后还要告诉他，大事要找老师和家长，不可自己乱处理。

中学，特别是高中，还有因为家庭生活实在困难或者急需用钱借不来，一时糊涂拿同学钱的。这虽然也很不对，但也不可简单地看成品德问题，正是所谓"法理难容而情有可恕"。这种学生，除了必要的批评处置之外，还要尽可能帮助他们解决实际困难。

## 三、迷恋网络

网吧问题已经成了社会问题，网童问题已经成了教师、家长的心病，网络游戏已经被人称为"电子海洛因"。我们周围出现了"谈网色变"的氛围，教师、家长恨网络恨得咬牙切齿。老鼠过街，人人喊打，却见老鼠越打越多，青少年沉迷网络者队伍日渐扩大，其势难挡。大中小学生因为痴迷网络游戏而造成的成绩下降，精神萎靡，偷钱劫钱，亲子矛盾，夜不归宿，厌学弃学，离家出走，盲目网恋等现象层出不穷。

面对学生迷恋网络问题，家长和学校的一般对策是围追堵截，把孩子关起来，到网吧把孩子抓回来，或者苦口婆心给孩子讲道理，想让孩子醒过来。这些办法也不是没有效果，但是效果不佳。于是人们又想起了"引导"二字。怎么引导呢？让你上网去干我希望你干的事情，玩点限定的游戏，家长陪着孩子玩游戏，等等。这种办法比起生堵硬截来，当然是进步，可是一般效果也不理想。孩子们对我们"包办"的"婚姻"不感兴趣，他们还是更喜欢"自由恋爱"，去找他们喜欢的人，去他们喜欢的地方，玩他们喜欢的游戏。

这就告诉我们，迄今为止我们所采取的硬软两手，往往都是从我们成人的主观愿望和主观认识出发的措施。我们当然是好心，但孩子如此不领情，我们光发火是没有用的，想来一定是我们不了解孩子们的心思，没有真正做到对症下药。要知道，药方不对症，多善良的愿望也没有用处。

所以问题的关键仍然是先搞清楚，孩子们为何被网络迷成这个样子。教师对学生有管理权、教育权，家长对孩子有监护权、经济权，还有亲情纽带，我们有这么多优势，怎么就斗不过无权无势、非亲非故的网吧老板呢？

关于孩子们为何迷恋网络，常见的归因有以下三种：

1. 归因为"拉"

就是说网吧诱惑力太大，网吧老板太狡猾，还有那些小伙伴教唆，把孩子"拉"到网络中去了。很多老师和家长都持这种观点。他们的口号是："都是网吧害了我的孩子！""整治黑心网吧！"

2. 归因为"推"

这种观点认为，苍蝇不叮没缝的蛋，孩子是先具备了投入网络的心理基础，才被网吧吸引走的。如果把网吧比喻成磁铁，则它只能对铁有吸引作用，是我们家庭教育和学校教育的失误先把孩子"铁化"了，他才会成为磁铁的俘虏。究其实，是家庭和学校把孩子"推"到网吧去了。持这样观点的家长和教师不会过多埋怨社会，而是侧重反思家庭教育和学校教育，改进自己的教育行为。

3．归因为"陷"

这种观点把迷恋网吧的责任归于孩子本人。认为主要是孩子自己对网吧的危害认识不清，抵抗力不强，"陷"进去了。可是他为什么会认识不清，抵抗力不强呢？除非你认为他天生如此，最后恐怕还要归结为我们教育的失误或不得力。

三种归因都有道理。我个人的看法是，孩子沉迷网吧，往往不是一种原因造成的，是两种或三种因素综合起作用的结果。作为教育者的家长和教师，恐怕还是应该在第二种原因上多想一想，若只是强调环境或他人的毛病，就容易怨天尤人，无助于问题的解决。说起来可能有些家长不相信，孩子沉迷网吧，多数是家长、学校一方和网吧一方唱"二人转"，共同努力的结果。一方猛推，一方猛拉，孩子就进去了。

所以，如果家长和教师头脑清醒，就不会单纯咒骂网络，而会认真研究网络的优点，向网络学习。

下面，我们来看看家庭和学校是怎样把孩子推到网吧去的，同时，我们也来看看，网络是怎样恰到好处地利用了家庭、学校的失误，把孩子拉到虚幻世界去的。

1．家庭和学校充满了批评、训斥，网上很少批评，多的是鼓励、安慰和同病相怜

许多学生在学校里每天收获的都是批评，这是连成人都不愿经常收到的礼物，何况孩子？当然家长和老师也有表扬，有人还在提倡"棒棒棒，你真棒"。可惜这种赏识太露骨了，太廉价了，孩子心里明白，您这样哄我，不就是让我多给您挣点分吗？不买账。网上没有这些东西。在网上玩游戏，你过不了关，没人讽刺你，过了关则有鼓励，还有奖励。在网上聊天，很少有人像家长、老

师那样教训你，网友们总是互相安慰，同病相怜，或者帮你骂人，替你出气。您替孩子想想，要让他选择，他会愿意在哪种环境中活着？

有鉴于此，家长和老师以后就应该大幅度减少批评，禁止讽刺挖苦，也不要搞言不由衷的不值钱的"赞赏"，以免把孩子推进网络世界。

2. 在家、在学校，他躲不开家长、教师的唠叨，而在网上，他可以选择对话人

在网上聊天，也有话不投机的时候，那很好办，换一个人就是了。网友之间的关系是比较松散的，松散的好处就是大家都自由，我自己能做主。在学校和家里可没有这个自由，家长的絮叨，即使他早就背下来了，也不得不听着；老师的教导，即使他已经听过100遍了，也不得不听，他无权选择。不能自由选择对话人的对话其实不是真正的对话，而多半是"训话"。没有人爱听"训话"，所以学生上网聊天彻夜不休，听家长、老师说话两句就烦，应该是可以理解的。

有鉴于此，家长和老师就应该少说话（现在废话太多了）。既然孩子不想听，说了也没用。虽然我们没有办法随便给孩子换家长换老师，但是我们可以打听一下，孩子比较喜欢跟哪个人说话。请他来对孩子进行说服，效果或许会好一点。我们自己也可以改变一些态度，或许孩子就愿意和我们对话了。经验告诉我们，家长和教师如果能认真倾听孩子说话，与孩子平等沟通，孩子迷恋网吧、聊天室的可能性就会减少。

3. 家庭和学校不允许失败，网络允许失败重来

我们的教育体制和许多人的教育思想有一个很大的毛病，就是不允许学生失败。成绩刚下降了几分，老师就赶紧给家长打电话报警，好像学生的成绩只准上升不准下降似的，好像人成长的轨迹都必须是一条直线似的。这根本就不符合教育规律，纯属教师、家长的主观意愿。事实上，每个学生的成长轨迹都是曲线，很多下降都

是他的成长过程所必需的 —— 他成绩下降了，可能是必要的休息，也可能是别的方面（比如人生经验）正在迅速上升，也可能某些知识点暂时还不理解，需要过程。现在的教师和家长往往连学生喘气的机会都不给，不停地念紧箍咒。孙悟空为什么给唐僧保驾护航直到西天？因为唐僧只偶尔念一下紧箍咒，而且频率越来越低。试想唐僧若每天念一遍，孙悟空能留得住吗？早就一个跟头逃回花果山了。网吧就是学生的花果山，那里最大的好处是没有人念紧箍咒。你打游戏，一周过关也可，一月过关也可，一年过不去，也没有人催你。于是你很从容，你有足够的时间咀嚼自己的经验教训，不断提高。从这一点说，网络游戏的设计比很多教师的教学设计要更符合学习规律—— 尊重学生的自主发展，不搞拔苗助长。当然，网络设计者是为了掏空玩家口袋的钱才这样设计的，但是正因为他们没法强迫玩家玩下去，所以不得不在吸引上大做文章，歪打正着地符合了教育规律，而家长和老师们不幸手里有权，就以为可以强制孩子达到自己的要求，因此不重视教育规律了。可见权力之害人。

有鉴于此，我们就应该记住，教育要慎用权力，少念紧箍咒，允许孩子失败，把成长的节奏尽可能放给孩子自己去掌握，如此就可以减少网络对他们的吸引力。

4. 家长和教师居高临下，而网上是平等的

网友关系最值得羡慕的地方是平等，这种平等是很多学生在现实生活中难以找到的。许多学生只要一站在家长和教师面前，精神上立刻矮了半截，这绝不是快乐的体验。本来他在同龄人中还可以找到平等的感觉，可惜，同龄人早就被教师、家长分了等级了，教师和家长总是告诉他：要和成绩好的学生多接触，要以他们为榜样。这是什么意思？这就等于说，他在和同龄人打交道之前就已经先感受压力了，他必须仰着头，才能与人家交流。多么难受的姿势！网上就不然，网上是一个"移民"世界，谁也不知道谁的来历，谁也不知谁的底细，甚至都不知道彼此真实的年龄和性别。这样一来，上网者就把身上的包袱都甩掉了，可以平等地、自由地与

人交流。这是一种心灵的解放，这种解放给孩子带来无比的轻松和快乐。家长如果不能设身处地地感受这种解放，他必定百思不得其解：孩子怎么会这样迷恋网络，他是不是疯了？

有鉴于此，教师和家长一定要努力创造尽可能平等的人际关系，不要总是居高临下地对待孩子，不要主观地"钦定"孩子和谁交朋友（当然，也要指导孩子交友，防止孩子交坏朋友）。孩子生活在平等的气氛中，网络对他的吸引力就会减少。

5. 在家庭和学校说话不自由，在网上可以胡说

孩子在学校和家庭说话不自由，他不能想说什么就说什么，不能骂大街，否则要挨批评。至于对家长和老师有意见，那就更不敢说了。这也是一种郁闷。

网上聊天给他提供了一个发泄的渠道，他可以胡说，可以乱骂，可以尽情发挥想象力讽刺挖苦自己不喜欢的人，这对他来说是一件很"酷"的事情。

有鉴于此，我们在现实生活中，应该尽可能给孩子创造一点自由说话的机会，当然不是允许他骂人，而是允许他说一些大胆的话，对他们宽容一点。如果他在现实生活中能够把自己十分的郁闷发泄出五分，则网络自由对他的吸引力也就减少几分了。

6. 和家长、老师没有共同语言，和网友有说不完的话

有没有共同语言是一件非常重要的事情。把我和一个缺乏共同语言的人放在一起，即使我完全知道他是一个大好人，甚至他是个道德楷模，我也还是不高兴。我们见过很多这样的夫妻，双方都是好人，就因为缺乏共同语言，终于离婚了。

因为代沟的关系，孩子和大人本来就缺乏共同语言，家长和教师如果不了解孩子心理，不顾他们的感受，只管教训他们，他们就会觉得与大人生活在两个世界，完全无法沟通，甚至觉得大人都"有病"，不正常，教师和家长这面也同样会觉得他们痰迷心窍，不可理喻。这种隔绝会使双方都非常苦闷。家长和教师仰仗自己的强势地位，可以不停地唠叨孩子，既然无法双向交流，我就单向发

言，你不听也得听，以此发泄自己的苦闷。孩子怎么办呢？他只有沉默反抗。到了网上就不同了，网友们一般都有共同语言，同声相应，同气相求，越说越近，能互相安慰寂寞，能互相抚慰心灵。许多孩子宁跟网友聊一夜也不和家长说一句话，道理就在这里。

有鉴于此，家长和教师应该想办法和孩子找到一些共同语言。孩子关心的足球啊，歌星啊，动画片啊，卡通画啊，等等，家长教师最好也涉猎一点，起码可以作为谈资，能和孩子聊起来。如果能做到这一点，则孩子心情不致太苦闷，网络对他的吸引力也可能减弱一点。

7. 在家庭、学校，身份已被"定格"，到网上可以"重新做人"

教师和家长对于学生往往有一种比较固定的印象。这是可以理解的，我们经常接触一个人，总会对这个人有一个大致稳定的看法。教师作为教育者，家长作为期望者，更是不可避免地要经常评价孩子，评价来评价去，就会有一些结论，也就是说，会把孩子"定格"。如果这种定格是比较消极的，比如说孩子被贴上了"差生"、"问题生"的标签，他就会觉得，老师和家长已经给我"定性"了，我永远也无法去掉脸上的"金印"了。不少学生破罐破摔，就是这个原因。这种孩子突然有一天走进网络，他会惊喜地发现，那里没有人知道他原来的表现，没有人知道他脸上的标签。网络上的人们，无论你过去如何，都在同一个起点上，我的弱项我可以避开，你在学校里的强项在这儿没有用处，一切都可以重新开始。这当然是令人欣喜的体验，是一种新生的感觉。于是你就可以理解为什么很多差生如此迷恋网络了。对他们来说，网络绝不是简单的游戏和聊天的去处，那是一种新的生活，那是希望的田野。

好学生呢？好学生给老师的印象一般是懂事、规矩、听话、学习成绩优良。可是好学生对这样的标签满意吗？未必。很多好学生都巴不得自己当一回"坏学生"，放肆放肆，发泄发泄。可是在学校和家里，这是不行的，他已经习惯了，只要一看见家长、老师，就马上进入"好学生"的角色，不演也得演下去。这种好学生进入网络，他会有一种轻松感，他可以暂时摘下面具了，他可以表现真实的自我了，他可以做另一个人了。所以，你若看到好学生平日文质彬彬，在网上聊天却说脏话，你不要奇怪，这也是一种"解放"和发泄。确实，当好学生太累了。

有鉴于此，家长和教师就应该注意，不要轻易给孩子下结论，不要给他们贴标签，不要让成绩不好、表现欠佳的学生失去信心，也不要逼着好学生处处作榜样。只有对自己现实生活不满意的人才会希望换个活法，让学生在现实生活中活得比较充实快乐，他们就不会那样积极地上网络去"重新做人"了。

8. 在学校毫无成就感，到网上可以找到成就感，可以实现自我

要让学生在学校和家庭活得充实快乐，重要的一条是要让他有成就感。就是说，要让他感到自己一天比一天聪明，办事成功多于失败，生活质量一天天提高。这种成就感当然与他人的肯定有关，但是更重要的是自我感觉。如果我自己并没有多少自我超越的感觉，感觉不到自己实力的增长，而且在和别人的竞争中总是落后，而家长和老师却不停地说什么"棒棒棒，你真棒"，我就会觉得这是对我的讽刺，觉得你们言不由衷，你们很不真诚。所以，要让孩子找到成功的感觉，关键是找到孩子确实比别人强的地方（是实的而不是虚的），发挥他的强项，让他取得真实的成绩。这是他们的"增长点"，也是他们的"信心支柱"。经验告诉我们，只要家长、教师细心寻找，一般总能找到这个增长点。有的可能是某个学科的学习，有的可能是某项特长。如果教师、家长不能帮助学生找到这个增长点，弄得孩子每日灰头土脸，毫无成就感，他就可能向网吧逃避。当他发现自己在玩游戏方面可以比别人强的时候，他就可能把网络游戏当作实现自我的一条途径，那他就非迷恋网络不可了。这不是简单的对网络的迷恋，这其实是一种"生存斗争"。他是抓住了一根救命稻草，用来证明自己的生命还有价值。

有鉴于此，帮助孩子找到他的强项，找到他的职业理想，找到

他特殊的实现自我的途径，就是帮他找到抵抗网络诱惑的最好办法了。

9. 家庭和学校生活枯燥无味，网上有乐趣

网络的巨大吸引力，还在于它有趣。家庭生活、学校生活在有趣方面能不能和网络竞争呢？一般人都认为不能。教师讲课怎么能和网络游戏比赛吸引力呢？绝对比不过。我觉得这种看法是不全面的。要知道网络有一个致命的弱点：虚拟性。网络再好，它是假的，学生其实都明白，我在虚拟的世界抢得多大一个馅饼，也不能真的当饭吃。网络是梦。梦越是美，醒来越痛苦。这就是许多孩子沉迷网络不愿出来的缘故——他希望留在梦乡，永不醒来。所以，前面说过，如果在真实的生活中学生有知心朋友，有倾诉对象，那么他在网上的聊天就不大可能沉迷——真实的朋友胜过虚拟的朋友。这也就是为什么很多学生和他人聊天一旦聊得投机，就想和对方真人见面的原因。虚拟不能战胜真实。可见，真实生活中的五分乐趣就能胜过网上的十分乐趣。在这一点上，教师和家长有很大的优势。可惜很多家长和教师太不会发挥自己的优势了。他们一点也不注意孩子的兴趣，一点也不讲教育艺术，迷信权力和管理，把家庭教育、学校教育教学搞得极其枯燥无味，硬是把优势变成了劣势。孩子发现虚拟世界比现实世界更有乐趣，就投奔那里了。

有鉴于此，我们就应该想办法把家庭和学校变成有乐趣的地方：有学习的乐趣，有交往的乐趣，有活动的乐趣。中国的家长和老师总希望孩子永远一本正经地在那里读书，这是违反孩子天性的，其结果是你不让他玩，他只好偷着玩，你不让他寻找生活的乐趣，他只好到网络的虚拟世界去找乐趣了。

10. 任性、意志薄弱、无能，这些毛病在现实生活中会让人出丑，在网络中却比较容易掩盖

现在的孩子生活在比较富裕的环境中，又多是独生子女，往往被过度关注，过度保护，所以很多人都比较任性，意志薄弱，不能忍耐，不能控制自己的情绪，而且在生活上比较无能。有这些毛

病，在现实生活中肯定到处碰钉子，在学习生活中更是如此。任性的孩子碰到任性的孩子，那就是一连串的矛盾；意志薄弱的孩子是很难把学习搞好的，因为学习往往很艰苦，很枯燥；而生活自理方面能力差，则不但会给自己带来很多麻烦，而且还会经常出乖露丑，增加挫折感。这些都会造成他们的心理问题。网络的吸引力在于，它可以在一定程度上掩盖这些缺点。因为在网上可以任性，可以意志薄弱，不愿理的人可以不理，不愿干的事情就可以立刻收手。嫌枯燥的事情你可以不做，太艰苦的游戏你可以躲避。网络上没有限期完成的硬任务，有竞争而不现实、不残酷，那里压力很小。而且你无论生活上如何不能自理，在网上也不大容易出丑。我是个蜗牛，上学经常迟到，在众目睽睽下罚站是保留节目，可是网友就不知道这个。网络是可以放纵的地方，是方便掩盖缺点的地方。毛病越多的孩子，在生活中碰钉子越频繁的孩子，越容易到网络中去寻找安慰。网络是他们灵魂的避风港，在那里，他们可以得到特殊的溺爱。在这个意义上，网络确实是"电子海洛因"。

有鉴于此，我们的对策主要是两条。第一条，不要总是挑学生的毛病，不要搞完美主义，因为那样学生会动辄得咎，他就灰心了。要有重点地、有梯度地帮助学生慢慢改掉他的缺点。像意志薄弱这样的缺点改起来是很不容易的，年龄越大越麻烦，要准备打持久战。第二条，教学生面对现实。我个人接待咨询的经验是：网童差不多都不愿面对现实、不愿面对自我，他们最善于骗自己，喜欢在梦中生活。所以我们要既温和又坚定地把他唤醒，让他正视现实，正视自己的优点和缺点、强项和弱项，只有这样，他才能找到真实的出路。

11. 学校和家庭教育着眼于孩子未来的学历，而网络则能给孩子带来眼前的快乐

教育是由成人掌握的。成人是过来人，成人知道什么重要什么相对不重要，成人抓主要矛盾。比如说下星期考试，这星期有一场歌星演唱会，孩子要去，家长和教师会认为考试要紧，看不看音乐

会无关紧要，因为他们明白，考试连接着学历，而学历连接着孩子的命运。孩子却可能完全是另一种看法。对他们来说，未来的学历和命运是很遥远的事情，他们没尝过低学历的切肤之痛，对此就不会有家长、老师那样关心。相反，看不看演唱会却是一件严重的事情，因为看演唱会能给自己带来快乐和与同学交往的资本。遇到这种情况，成人总是要求孩子放弃眼前的快乐而追求未来的幸福。这种要求只对少数孩子是有效的，他们是特别能忍耐的孩子，或者是特别胆小不敢违抗父母的孩子。其他的孩子，恐怕就要反抗了。孩子迷恋网吧也是这个道理。其实许多学生都懂得上网是可能耽误学习影响前途的，但是他们控制不了自己，他们无法阻挡近在眼前的快乐。为了眼前的快乐，他们顾不得未来了。

有鉴于此，教师和家长就应该做两件事。一件是给孩子创造一些机会，让孩子眼前也活得快乐一些。我们不能要求孩子为了将来的幸福完全牺牲眼前的快乐，而要适当兼顾眼前的快乐和未来的幸福。第二件是想办法锻炼孩子的意志力，提高他们的忍耐力。因为我们无论怎样给他们创造快乐的机会，学习也永远不会变成纯粹快乐的事情，他们必须牺牲一些眼前的快乐，否则确实影响未来的发展。这一点，光靠讲大道理是不行的，一定要用各种具体的措施锻炼孩子的意志力。

上面我们从"推"、"拉"两个方面，说明了学生为什么会沉迷于网吧，而且简单地开了药方。事实上，具体到某一个学生，他被网络迷住的原因可能不是一种两种，而是综合的，因此我们开药方的时候，就不能只开一味药，要好几种药互相搭配，辨证施治。沉迷网吧的孩子一般都有比较严重的压抑感和缺憾，他是早已烦透了自己的环境和生活，才会换一个活法的。他们实际是跑到网上"过日子"去了。既然他们整体的生存状态不佳，那就是说，头疼医头，脚疼医脚是不会奏效的，要立竿见影是很困难的。应该想想从哪里突破，逐渐改变他的生活。

有人宣称网络只是一种工具，像洗衣机一样，我以为这样说是太简单化了。网络不是简单的工具，它可以是一种虚拟的生活方式，它对人的影响远不是一般工具能比的。

有人在宣传，孩子迷恋网络，只要经过某专家谈话几个小时，就可以翻然悔悟，从此洗心革面。这种事也不是不可能，但据我自己多年的经验，这种好事是很少的，或许属于特例。孩子迷上网吧可能是突然的，但是其心理基础，一定是长时间积累形成的，只不过家长原先没发现而已。我处理过不少这种案例，很少速决，一般都是持久战，"病来如山倒，病去如抽丝"，需要长时间的跟踪指导，会有多次反复。特别困难的是转变家长的观念和习惯做法。如果家长不变，那么，即使别人帮助孩子进步了，回到家里，他也随时可能故态复萌，因为他欺负家长已经欺负惯了。

我们还要特别注意的是，网络绝不只有负面意义。网络作为最先进的信息传播手段，会极大地开阔我们的视野，极快地为我们提供最新的资料，甚至会在一定程度上改变我们的生活方式。网络这种东西，与其害怕它，不如欢迎它；与其严防死守，不如索性熟悉它、掌握它，让它为我们谋幸福。所以我主张，如果您的孩子还小，还没有被网络的负面影响所迷住，您最好"抢在孩子前面学会上网"，自己先变成内行。你可以和孩子一起上网干很多有益的事情，防止孩子一开始就走错路；你可以安排孩子在家上网，这样就可能避免网吧的不良影响；您可以用技术手段屏蔽一些不良信息，保证网上的清洁卫生。总之，您要早作预防，就不致仓促应战；您的孩子若有足够的意志力，就不致被网上不良的东西俘虏了。


## 四、暴力倾向

学生的暴力倾向和暴力行为在校园中破坏性是很大的，一场打架会弄得满城风雨，若有人总在学校门口使用暴力劫钱，会搞得人心惶惶。学校遇到这种事，有的是大事化小，小事化了，有的是给予纪律处分。但是这种事关键在预防，而要预防，就必须首先搞清：他们为什么对同学施暴，他们心里在想什么。

下面我们分析一下有暴力倾向的学生的心理：

1. 发泄

有不少学生动不动就打人，是因为他心里总是窝着一肚子火，找个出气筒就要发泄。当然，这种学生一般个子也大，有力气，或者特别敢下手，有武力发泄的条件。若没有这些条件，即使满肚子火，也只好用别的方法发泄了。他们的火是从哪儿来的呢？有的是学习失败，有的是亲子关系紧张，也有的是同学关系紧张（同学们都不爱理他，他恼羞成怒）。这一类有暴力倾向的学生，他们施暴一般没有明确的目标，也没有时间规律，他们随机发怒，事后能认识自己的错误。

这种暴力行为，与其说是品德问题，不如说是心理问题。对于这种学生，应该赶在他们下次施暴的前面，帮他解决心理问题，以便预防。找他好好谈谈，搞清他心中这股火是从哪里升起来的，从根上灭火。只要他的暴力行为没有造成严重后果，就尽量不要给处分，但是必须让他向受害者道歉，赔偿人家损失。

2. 恐惧

说来奇怪，有些学生对他人施暴，竟然是因为恐惧，缺乏安全感。这种情况以小学生为多，其特点是，别人只要不小心碰他一下，他就会做出激烈反应，大打出手，满脸通红，脸上还有汗珠。如果你问他为什么打人，他就会说别人欺负他了，那样子不像是找借口，而是真的害怕。他们的暴力行为是出于一种恐惧心理的过度反应。

遇到这种孩子，光给他讲"打人不对"是绝对不够的，要给他解释清楚，"同学碰你一下，并没有恶意，也不是攻击你。你不是有时候也会不小心碰到别人吗？"这还不够，还要搞清他的恐惧感的来源。一般来说，这种孩子的家庭气氛可能不好，或者他童年受过刺激。如果是父母不和，老吵架，造成孩子没有安全感，教师就要劝一劝家长，起码要求家长不要当着孩子的面争吵。如果孩子童年受过刺激，那就和他一起回忆那件事，然后加以解释，说清楚那是偶然的，那不是大不了的事情，别人也经历过类似的事情，等等，让他放宽心。解开这个疙瘩，他的攻击性就会减少。这种办法有点类似心理治疗。

3. 语言障碍和人际交往障碍

有些学生语言表达能力差，或者有口吃之类的语言障碍，他跟别人说话别人听不明白，争论又争论不过人家，有时候其实他蛮有道理，硬是变成了没理。茶壶里煮饺子——倒不出来。情急之下，就可能诉诸武力，那意思是说："咱们甭耍嘴皮子，拿拳头说话！"这种学生的特点是品质不差，平日也不捣乱，他们只是在说不过、说不通人家的时候才会施暴。

遇到这种情况，教师切忌只批评他打人不对，而不论根源。那肯定会破坏师生关系，使教师增加一个"沉默的敌人"。教师应该仔细问问他到底要说什么，到底要干什么，然后一句一句教他应该怎样说，怎样表达，怎样和别人交流。这样他才会明白，不用拳头也可以解决问题。

还有的学生十分缺乏人际交往经验，向人家借一样东西都不会好好说，伸手就拿，对方不干，于是动手打起来了。这种事，也不能只批评他不该打人，要具体地一样一样地告诉他，做什么事需要说什么话，什么情况下应该做什么动作才算不失礼。他学会了这些，才能减少施暴。

有些教师总以为，学生只要知道了打人不对，就不会再打人了，因此，遇到有学生对同学施暴，他们就只会集中力量说教，大谈打人的不道德、打人的危害性。这种想法和做法是比较幼稚的。须知打人都有具体的由头、具体的原因。很多孩子都是因为缺乏某种能力（例如语言表达能力、交往能力）才借助拳头解决问题的。你不具体地提高他的能力，即使他知道打人犯法，他也还会打人，因为他找不到别的办法，又要生存，只好出此下策。这些最基本的生存能力，本该由家庭教育解决的，可惜家长失职了，教师只好权当一回家长。

### 4. 习惯性暴力

这是一些迷信拳头的学生，他们的价值观就是"只有武力能解决问题"。这种学生也不一定经常打人，他们多是在遇到问题的时候才出手。他们只熟悉武斗，不善于文斗，而且他们一般对集体、对组织、对官方，都持有不信任态度。比如他跟人打架吃了亏，他一定要武力报复，你建议他告诉老师，可以给对方纪律处分，他认为"那没用"，在他眼里，惟一有用的是让对方尝尝他的拳头。

我的经验是，这种学生的家长往往文化程度较低，每日牢骚满腹，对谁都不满，孩子有错就打。本来家长就有习惯性暴力，孩子耳濡目染，就形成了和他家长一样的价值观。这种学生如果和校外不良青年串通一气，可能会闯大祸。

教育这种学生，除了给予必要的纪律处分之外，一定要想办法向他证明，让他明白：友好胜于争斗，文斗胜于武斗，不可以轻易动拳头。得让他尝到和谐的甜头，尝到文斗的甜头。另外，还要指导他的家长，不要迷信武力。

### 5. 讲哥们义气

这种学生打人动武是为了别人，讲义气，为朋友两肋插刀。他自己平时并不一定欺负人，也不一定有暴力习惯，有的各方面表现还不错，只是重友情重得失去了原则，出手帮哥们打架，犯了错误。讲义气的学生，有的头脑颇简单，不计后果，这种人容易被人利用；有的头脑并不简单，知道后果，但是碍于情面不得不出手。

教育这种学生，关键是帮助他们克服无原则的哥们义气。这是一件困难的工作。你讲法大于情的道理，没有多大用处；你讲哥们义气造成的严重后果，他未必信服，因为他的主观感受与你的客观分析不同，通过讲义气，他可能感觉得到的比失去的多；你更不能挑拨他和哥们的关系，那样不但不能使他转变观念，反而你自己也会成为他的"敌人"。比较好的办法是简单讲清道理，劝他改正，然后就等待。经验告诉我们，克服哥们义气的最好办法是让他自己吃亏。等他通过具体的事情发现哥们确实把他害了，他就改变看法了。

### 6. 表现自我

这种学生施暴是为了证明自己的存在，显示自己的实力，或者为了吸引什么人（比如异性）的注意。他们往往在学习方面和其他正经事上没有优势，然而身大力不亏，有一股横劲，于是就以拳头为旗帜，表现自我。也有的学生是看了一些功夫片、警匪片，心向往之，于是进行模仿，觉得很"酷"，也是出风头的意思。

教育这种学生，关键是帮他找到一条路，使他能够用正当的手段、干正经事出风头。有了这样的渠道，他就不会过分依赖拳头了。

### 7. 称霸

这种学生比上一种进了一步，他们打架，对同学施暴，不光是为了表现自我，还想在班级、在年级、在学校，甚至在某个地区称王称霸，当"老大"。

上一类表现自我的学生是单打独斗，这一类想称霸的学生则必然是一伙人，这可以理解，帮主手下怎能没有喽啰？这种学生往往横向联系比较多，认识一些不三不四的人，呼风唤雨，兴风作浪。两拨学生都想称霸，也可能打群架以争地盘，分高低。他们破坏性比较大，狂妄到了一定的程度，甚至要和教师争夺领导权。这种学生如果沿着这个路子走下去，弄不好将来就是黑社会的成员。

教育这种学生，首先要看他的年龄和成熟程度。如果孩子年龄尚小，还没有失去纯洁和天真，那还是可以教育的；如果年龄较大，社会经验丰富，根本不把老师看在眼里，觉得老师是"傻帽"，那教育起来就很难有效果了，而且这种学生在学校也呆不长了。

教育这种学生，不要轻易采用"招安"的办法（即给他安排一个干部工作，用来约束他），要小心他利用这种公开的身份扩大自己的地盘，谋私利。也不要采用挑拨他们小群体成员关系的方法，那样后果不好。只要他不过分猖狂，就暂时不要和他正面冲突。要稳住班集体最正派的那部分学生，逐渐把他的手下人一个一个拉出来干正经事。如果做得好，他在班里没有市场，就可能到校外去活动了。也有的这类学生很讲义气，重感情，教师如果确实对他好，他冲着教师的面子也可以收敛自己的错误行动，所以教师也可以用怀柔法，但是要注意，不可失去原则和教师的身份，若变成他的"铁哥们"，那就不对了。

8. 嫉妒

强烈的嫉妒心也可以促使学生对他人施暴。嫉妒别人功课好，嫉妒别人人际关系好，嫉妒别人长得漂亮，嫉妒别人有钱，这种事是常有的。一般同学怀着这样的嫉妒心，往往只是给别人使一点小坏而已，但有个别学生，心理有问题，被嫉妒心烧得失去理智，就可能对他嫉妒的对象施暴，甚至会无仇无冤地杀害对方。这种事，报纸杂志有所披露。值得注意的是，这种学生有些平日就是差生，有些则不然，平日表现不错，甚至还是优秀生。

教师必须预防这种事。具体的办法是：不要过多过分表扬几个学生，否则他们会"树大招风"，而且这对他们自身的成长也不利，尤其不可以在表扬某些人的时候总是批评另外一些人，这等于煽动仇恨。如果发现有些学生心胸狭窄，提到别人的优点时总是不服，而且看着别人的眼神有异样的仇恨（教师若细心，这是可以观察出来的），教师要及时找他谈话，做疏导工作。只要教师不被眼前的评比等事蒙住眼睛，稍有警觉就能发现这类苗头，制止起来并不太麻烦也不太困难。

9. 报复

据《长江晚报》2005 年 9 月报道：某市某中学高二年级学生谭某上数学课看课外书，周老师没收了他的两本书，并告诉他："你上课不认真，再这样的话，我就要你喊家长来。"第二天，谭某到办公室向周老师索要被没收的课外书籍，周老师说不能给。谭某就掏出早已准备好的水果刀，朝老师身上连刺了 17 刀，致使老师重伤。据了解，该中学是一所省级示范中学。今年 40 多岁的周老师是该校一名优秀的数学老师。行凶的同学在班上学习成绩中等，性格比较内向、孤僻，平时也很少与同学来往，几乎没有什么朋友。

这起暴力事件的起因估计就是报复，直接原因是课外书被没收，但这可能只是导火线，这个学生可能平日对数学老师积怨不浅，另外该生性格孤僻，这也可能是施暴的一个原因（人际交往障碍）。

学生之间积怨，也会有这种事。所以教师一定要注意，无论是师生之间，还是学生之间，都要尽量避免积累矛盾和激化矛盾。像上述例子中的数学老师，如果只没收学生的课外书，不随便提请家长的事，第二天学生来要书，当场还给他或者答应过几天还给他，这场暴力事件或可避免，而这样做也并没有失去原则。其实，细心的老师，单从学生的表情就可以看出"山雨欲来风满楼"的状况，可惜许多教师满脑子都是自己的主观想法，他们的精力和聪明才智都用来搞"目标管理"了，不怎么关心学生本人的感受，这就容易出事情。关注学生的情绪，关注他们的精神状态，这是现代教师的基本功，不可掉以轻心。

10. 图财

这种学生的暴力行为有明确的目的：要钱。他们有的是收"保护费"，有的就明目张胆"借钱"（其实就是劫钱），有的还逼迫对方从家里偷钱，不给就施暴。他们选择的对象，有的在本班，有的则是低年级的小同学。地点多数在校外，利用上学、放学时间。这种学生多数都成群结伙，有的还效仿黑社会的样子，拜把兄弟，成立帮会。有的还与社会上不良分子相勾结，弄得学生甚至家长都人心惶惶，对学校安全形势造成严重影响。

因为这属于违法行为，而且涉及社会不良分子，超出了学校的工作范围，所以学校有时要请公安机关出面协助，加以打击。校内工作，关键是两个：一个是必须破案，否则所有的教育都会流于空洞。破案之后，把后台拔掉，震慑歪风邪气，然后再处理在校生。该处分的，一定要处分，虽然处分面不宜太宽，但是不可手软。而且经济上必须退赔，劫人家多少钱至少应该赔多少钱，还可以适当要求赔偿精神损失，决不能让他们占到任何便宜。另一个是教育多数学生，增强防范意识，不要害怕威胁，有事及时向家长和老师报告。也要教育广大家长，不要给孩子过多零花钱，克服孩子露富心态。这种事，就怕教师只懂得抓分数，下情一概不知，被蒙在鼓里。遇上这样的老师，劫钱的学生最猖狂，最容易得手。

我们的经验，这种劫钱的孩子多数来源于两种家庭：不良家庭或严重溺爱家庭。所谓不良家庭指的是家庭破碎，单亲，孩子没人管，或者家长本人就有犯罪记录的家庭；所谓严重溺爱家庭指的是无休止地满足孩子的物欲的家庭，结果造成孩子的享乐思想极端膨胀，给多少钱也不够他花，只好打同学的主意。劫钱的孩子开始总是胆小的，如能及早发现，及早教育，多数可以改正，若多次得手，尝到甜头，形成恶习，要改就困难了，有的甚至可能成为少年犯。

### 11. 争夺异性

学生中因为争夺异性而爆发的"战争"是很激烈的，甚至是你死我活的，弄不好要出人命。过去出现比较多的是男生之间为了争夺女朋友而火并，现在出现了新动向，女孩之间为了争夺男朋友，也大打出手，而且相当残酷。所以早恋和校园暴力之间是有某种联系的。这种事情屡屡发生，教师对此万不可掉以轻心。

解决这个问题的关键是预防，一旦矛盾积累到了非爆发不可的阶段，教师即使发现，也很难制止，因为其时他们已经被扭曲的激情冲昏头脑，往往什么劝告都不听了。学生早恋，当然不可贸然做简单的制止，方法必须对症下药，必须温和，这在前面已经详细说过了。这里要说的是，教师慎重，不等于不管，不等于撒手不问，那是非常危险的。教师必须深入了解下情，掌握谁正在跟谁好，谁跟谁正要"吹"，谁是"第三者"，谁是谁的"情敌"。这些教师可以装作不知道，但是不能真不知道。有些可以暂时不管，但是有些已经冒出火药味的，教师必须及时干预，避免矛盾激化，避免"决斗"。另外，教师平日要对学生进行正确的爱情观教育，防止有些学生把爱情看得高于一切。经验告诉我们，有"爱情高于一切"价值观的学生，才容易出现情仇、情杀和情死现象。

12. 自卫过当

这是一种特殊情况。这种学生平日是弱者，他们不招灾惹祸，也不张扬，他们是被强势学生欺负到了忍无可忍的时候，劫钱劫到了走投无路的时候，才奋起反抗的。他们可能有的向教师和家长求过援，发现没有用处，那些欺负人的学生在老师干预的时候有所收敛，事后却变本加厉。这时他们没有办法，只好背水一战，自己解决，而他们不会掌握分寸，又因为他们往往不是体质强壮者，于是他们只好求助于武器（例如匕首和棍棒），在对方没有准备的情况下采用突然袭击。这就极容易造成严重伤害，甚至致人死命。这种学生的对人施暴，有值得同情的一面，但是我们无论如何不能赞成他们的暴力。

对这种问题，关键更是预防了。有些学生见到老实人压不住火，欺负老实人没够，这是很危险的，要出事情。被欺辱者有的会铤而走险进行报复，也有的可能选择自杀来逃避，这两种情况都有不少例子。教师必须了解下情，必须为老实人主持公道，做老实人的保护者。一定要把那些欺负人的学生治得不敢为所欲为，要让正气压倒邪气，还要教给弱势群体一些自我保护的方法，以便老师不在的时候，他们也能保护自己。

以上12种讲的是校园暴力。最近还有一种暴力倾向有愈演愈烈的趋势，那就是孩子对家长施暴。因为这个问题不是本书的论述范围，这里就不多说了。但是教师对此必须加以注意，因为如果孩子对家长施暴，学校也是要负一定教育责任的，而且有些一贯对家长施暴的孩子，也可能把他的暴力倾向迁移到学校，对同学和老师施暴。

## 五、离家出走

学生离家出走，无论对于家庭还是学校，都是大事情。据我们的经验，学生离家出走很少属于偶然事件，孩子都知道家是他的避风港和根据地，矛盾不积累到相当程度，不达到无法忍受的程度，孩子是不会离家出走的。所以，解决离家出走问题，关键在预防。其实只要掌握孩子的心理状况，离家出走并不难防止。

有的老师认为学生离家出走属于家庭教育问题，和学校没什么关系，这种看法有些偏颇。事实上，单纯因为家庭原因出走的学生是比较少的，一般说来，孩子离家出走，都是家庭、学校的共同失误而且互相配合（这是一种负面的配合）造成的。再说，孩子一出走就要旷课甚至辍学，而且家长肯定来找学校求援，学校逃不脱干系，躲不开麻烦。要知道，家庭教育是学校教育的基础，基础出了问题，上层建筑就摇摇欲坠，所以，即使从学校自身利益出发，教师对学生离家出走问题也必须重视。现在的孩子，离家出走有愈演愈烈之势，学校没有研究，没有对策，就跟不上形势了。

孩子为什么会离家出走呢？

一个人主动离开一个地方去到另一个地方，无非两个原因：或者他要避开什么，或者他要去追求什么。孩子离家出走为什么？无非是逃避学习，逃避家庭，追求自由，追求快乐。如果我们把家庭搞得不是让他那么厌恶，把学习搞得他还能忍受，他在家庭和学校还能得到一定程度的快乐和自由，他肯定不会出走。

下面我们对学生离家出走的原因和对策做具体的分析和阐述。

我们先看离家出走的学生在躲避什么。

他们在躲避学习，他们讨厌学习，讨厌学校。不回家却继续上学的学生极少，离家出走的学生逃避学校的愿望往往更加强烈，离家必然离校。

以下原因可以导致学生离家离校。

1. 学习长时间受挫

在很长一段时间内学习成绩上不去，教师经常向家长告状，家长于是经常给孩子加压，责骂惩罚，唠叨不已，却没有给孩子具体指导。孩子觉得回天无力，彻底失去信心，为了避免眼前的痛苦，就可能出走。

这就可见，当学生成绩长时间上不去的时候，如果教师、家长少点批评指责，多点切实、具体的指点，使孩子有点进步，有点盼头，不致彻底绝望，他是不容易离家出走的。

2. 学习成绩突然下降

有的学生本来成绩还不错，因为某种原因突然下降，于是教师、家长给了巨大压力，孩子无法承受，又想不出摆脱困境的办法，也可能出走逃避。

如果教师、家长对孩子成绩的突然下降不那么大惊小怪，采取宽容等待加帮助的态度，这种学生也不会轻易出走的。这种出走的学生，往往是教师、家长急躁情绪和直线思维方式的牺牲品。

3. 面临留级或升学无望

家长和教师要注意，如果某个学生知道自己要留级了，或者知道自己升学无望了，可是家长对他期望值又很高，态度又一贯很严厉，孩子知道自己一旦出现留级或考不上学等情况，绝对没有好果子吃，出于恐惧，也可能离家逃走。

所以教师不应该随便用留级呀、考不上学呀等话吓唬学生，要知道这种语言对胆大的学生没有用处，对胆小的学生则只有害处，有可能逼得他们离家出走。万一遇到有些学生确实可能留级，或者完全没有升学的希望，那应该首先悄悄找家长做好工作，让他们面对现实，让他们保持冷静，让他们帮孩子找一条切实可行的出路。然后在适当时候，再把消息告诉学生，跟他一起商量下一步怎么办。

4. 成绩虽好而极度厌倦

有些学生成绩很好，表现也不错，却突然离家出走了，有一种可能是，家长和教师对孩子要求过高了，孩子胆小，或者历来听话，努着劲满足家长和教师的愿望，其实心里很不愿意，活得像演戏一样。终于有一天疲倦、厌烦到了极点，戏演不下去了，于是卸妆跑出去了。这种离家出走的学生回来之后会痛哭流涕表示悔过，但是不久又可能逃跑。遇到这种情况，教师、家长千万不要轻易认为孩子是欺骗大人。他们实在太需要休息和娱乐了，这是本性的流露，正常需要的显现，不一定是道德品质问题，他们心里其实很矛盾、很痛苦。

遇到这种情况，家长和教师不要搞道德说教，不要扣道德帽子，不要继续拧紧螺丝，而要有所放松，甚至宁可让成绩下降，也要保住孩子的健康心理。确实必要的时候，可以考虑让孩子请假一段时间或者休学。如果孩子的老师属于那种极其主观死心眼的人，家长注意不要和这种老师盲目保持一致；如果家长是那种极好面子不顾一切逼子成龙的人，教师一定要开导他：孩子第一，成绩第二，保住人是第一位的事情。

5. 人际关系不好

学生也可能因为人际关系过分紧张无法解决而离家出走。关于亲子关系紧张，下面再说，这里说学校的人际关系。学校的人际关系主要指师生关系和同学关系。师生关系很不好，老师对学生有成见，总是挑学生的毛病，甚至冤枉学生，这种事情也是有的。如果这时家长不分青红皂白地和教师保持一致（他以为这是配合老师工作），学生无计可施，每日生活在痛苦的煎熬之中，冲动起来，也可能离家出走。学生在学校屡受同学欺负，教师和家长不能有效地保护孩子，急了他也可能出走。有的学生早恋，教师莽撞地通知了家长，家长又属于简单粗暴的人，孩子出于恐惧，也可能出走。

为了避免上述情况，教师和家长一定要注意孩子的情绪，发现孩子总是郁郁寡欢，就应该耐心询问缘由。如果属于人际关系问题，就应该认真帮他梳理解决。只要教师、家长细心，这类出走并不难预防。

以上主要是从学校角度谈学生离家出走的原因，下面我们从家庭角度讲。厌学可以导致离家出走，厌家同样可以导致离家出走。什么样的家庭有可能导致孩子出走呢？

6. 应试家庭

这种家庭，所有的成员，整个生活都围着孩子的考试分数转，家庭失去了主体性，成了学校的附庸，大家都成了分数的奴隶，生活极其枯燥，几乎没有其他乐趣。在这样的家庭中生活，确实是一场灾难，孩子小时候无力反抗，长大了忍无可忍，就可能出走。他会发现出走之后，父母果然对他做了让步，他的"罢工"胜利了。尝到了甜头，他以后就可能不断出走。

所以，教师如果发现某学生的家庭属于应试家庭，千万不要高兴，不要以为这种家长是积极配合老师，要知道，他们正在给学校埋地雷。对这种家长，要赶快告诉他给孩子减负，双休日带孩子去玩一玩，趁地雷还未爆炸，赶快起掉它。不然家长、教师将来都麻烦。

### 7. 矛盾家庭

夫妻不和，经常吵架闹离婚，或者婆媳关系非常紧张，或者家长教育观念不一致，经常争执不休，孩子生活在矛盾的夹缝中，也是很痛苦的。弄到忍无可忍的时候，也可能离家出走。

教师不方便介入家庭矛盾，因为这是私事，但是如果家庭矛盾确实影响到了孩子的心理健康，教师也有必要从孩子的前途出发，对家长提出忠告。一般说来，事关孩子的前途，家长会重视的。

### 8. 暴力家庭

家长动不动就打骂孩子，这是暴力家庭。孩子忍到不能忍受的程度，离家出走是可以理解的。如果这种家长还算正常，只不过脾气不好或者教育观念有问题，教师应该尽量劝解，要特别注意少向这种家长告孩子的状；如果发现家长有心理疾病，应该建议他去治疗；情节十分严重而又拒绝改正的家长，应该争取社区或公安机关协助解决。一定要保护孩子。

前面说过，孩子离家出走，从他主观方面来说，不过是为了逃避一些什么，追求一些什么。逃避是被动的，追求是主动的，如果这两种愿望指向同一个方向，那么孩子就会迅速离家出走，迅速辍学。上面我们已经说过了孩子逃避的是什么，下面我们看看孩子离家出走、辍学，追求的又是什么。

有些孩子离家出走，重点追求的是物质；有些孩子离家出走，重点追求的是精神自由。

追求物质的孩子来自什么样的家庭？

### 9. 物质家庭

这种家庭充满了追求吃喝玩乐的物欲氛围，有的属于富裕家庭，有的并不富裕，打肿脸充胖子也要摆阔。孩子在这样的氛围中长大，满脑子都是虚荣心，满心都是和别人攀比享受，对学习自然不感兴趣，一旦学习失去信心，又受到外部诱惑（比如有人告诉他能挣大钱）就完全可能弃学离家去"闯世界"。这是很危险的，男孩子容易走上犯罪道路，女孩子容易吃亏。

这种事情根子在家庭，家长本人的价值观有问题。而经验告诉我们，教师要转变家长的价值观念，几乎是不可能的，所以遇到这类情况，教师所能做的事情是提前发现苗头，提醒家长，提醒孩子，你们止走在一条危险的路上。告诉孩子，将来要过好日子，必须有真本事，切不可做投机取巧之想。至于孩子能不能听，那就看他自己的悟性了，倘若孩子执迷不悟，教师也只能尽自己的可能保护他，如此而已。或许他出走吃了亏之后，能够醒悟过来。

### 10. 溺爱家庭

这种家庭的家长本身价值观念并没有大问题，他们不是过分追求物质享受的人，但是这并不妨碍他们把孩子培养成只会吃喝玩乐的花花公子，这里起作用的就是溺爱。家长还有一种想法，想用尽可能满足孩子一切物质要求来换取孩子的学习积极性，结果学习积极性没换来，孩子吃喝玩乐倒成了内行。孩子的物欲和消费欲膨胀起来是非常迅速的、没有止境的，家长给多少钱也不够用。为了满足需要，他们就可能离家出走，去找歪门邪道。

教育这种孩子，相比教育上一种（物质家庭）的孩子要稍微容易一点，因为家长本人价值观没有大问题，他们只是溺爱，而溺爱的毛病相对要好改一些。只要跟家长说清溺爱的害处，具体地教他们一些克服溺爱、逐渐控制孩子消费欲的办法，经过一段时间，孩子的疯狂物欲就可能减退，于是离家出走的可能性就会减少。

有些孩子离家出走追求的主要不是物质享受，而是自由和独立，追求家庭、学校所没能给他的成就感、精神快乐、相对平等的人际关系。有些迷恋网吧不回家的孩子就是这样，前面说过了。这种孩子一般出自专制家庭。

11. 专制家庭

在这种家庭中，家长控制和占满了孩子的几乎全部业余时间和空间，孩子完全没有自主权，个性得不到发展，爱好没人理睬，不能干他自己想干的任何事情，一切都得听从家长安排。这种孩子一旦长大，就可能反抗，离家出走，摆脱家长的"殖民统治"。其家长未必没有文化，有的还是干部、教师、军官、知识分子，他们缺少的是民主作风和对孩子的理解。这类孩子本身也不一定是差生，他们有的功课还不错，品质也没有什么大问题，他们实在是对家长的专制太不满了。

教师若能及时发现这种学生的问题，及时和家长沟通，让他们对孩子放松一些，这类离家出走现象是完全可以避免的。关键在于教师的眼睛不要光盯着孩子的分数和一般表现，而要注意他们的情绪。

以上谈的是离家出走的各种原因（家庭原因、学校原因）和对策。上述分析告诉我们，离家出走重在预防，预防又要对症下药，学校对家庭教育的指导必不可少，而且这种指导还得是跟踪的、持续的指导。

可是，学生已经离家出走了，怎么办呢？

学生出走之后，最重要的事情当然是要把他找回来，要根据有关线索，上网吧去找，到同学家去找，到亲戚朋友家去找，到大街上去找，甚至报警。

孩子回来之后，家长很可能犯两个极端的错误：一个极端是暴打一顿，关起来；另一个极端是无原则让步，从此小心翼翼地讨好孩子。这两种办法均不可取，后果不好。比较正确的办法是暂时不提此事，让孩子按部就班上学，等孩子平静下来之后，问问他心里怎么想的，有什么苦闷，有什么希冀，逃避的是什么，追求的又是什么，然后酌情讲一点（不要多）道理，做一点（不要多）让步，把他稳住。如果家长和孩子关系很是紧张，已经失去了对话的可能，那家长最好什么也别说，找机会请孩子比较信服的人和他谈。若学生出走有教师的责任，教师也要调整自己的做法，必要时，应向学生道歉。

辍学问题和离家出走问题有相似之处，学生离家出走的原因，有许多就是辍学的原因，只不过有些辍学的孩子躲在家里不出走就是了。

### 六、自杀倾向

学生自杀现象有越来越严重的趋势，这令人忧虑。然而更令人忧虑的是，作为教育者，极少有能预先觉察学生自杀倾向的，更不用说采取措施预防了。其实按照一般规律，孩子自杀前，总有一些征兆，很多孩子甚至会发出"求救"信号，但是教师往往木然，他们注意力的重点显然只是学生的考试分数和对班集体的贡献，他们对学生的情绪如何，往往相当地不敏感。事发之后，教师则总是"极为震惊"、"出乎意料"、"百思不得其解"，搞不清原因，只好笼统地说学生是"一时想不开"、"压力太大"，甚至指责学生"缺乏生命意识"、"不负责任"。

任何一个人自杀都不是偶然的，即使是一念之差，他的性格和思维方式也必有产生一念之差的基础，那些心理健康、想得开的人是不会有这种一念之差的。所以自杀是有规律可循的，是可以避免的。

学生自杀，首先是家庭的悲剧，其次才是学校的悲剧。学生自杀的责任，一般也不完全在学校。但是作为教育者，我们必须保卫学生的生命，因为这是一切的前提。下面我们来看看，都有哪些情况，可能导致学生的自杀倾向，我们如何预报和预防。

1. 早恋

因早恋而自杀的事情不少。一种是家庭、学校处理不当，弄得孩子没脸见人，于是不想活了。另一种是学生之间感情极其热烈而且执著，难舍难分，家长和学校老师强行把二人分开，学生抗争到底，于是殉情了。

有关"早恋"的问题，万万不可在班里公开谈论和批评，只能私下处理，在公开场合要装不知道。如果学生哀求教师不要告诉家长，那就不要轻易告诉。学生谈恋爱的时候，往往不理智，这可以理解。如果家长、教师生堵硬截，那其实也是不理智的，和孩子犯了同样的毛病。你不能代替学生控制他的感情，你只能引导和等待。教师如果害怕学生早恋影响其他同学，可以要求他们在公开场合检点自己的行为。一般说来，只要教师不过分干涉他们之间的关系，他们是会有所收敛的。

学生谈恋爱一般也会导致成绩下降。中国的家长和教师，只要一碰到考试分数，就像动了他们的命根子，就要跳起来。可是你要知道，在热恋者的心目中，考试成绩的地位几乎肯定是要低于爱情的，教师和家长要理性地对待这个问题。一时成绩下降可能是他成长需要付出的代价，此时逼迫孩子立刻把下降的成绩搞上去，很可能适得其反，会下降得更厉害。不逼迫，很多孩子会自己明白过来。这道理很简单，他不能靠恋爱活着，他需要生存。我常常说这样一句话："不要跟醉汉讲道理。"热恋中的孩子相当于醉汉，这时候家长、教师若过于积极地"教育"他，只能自己碰一鼻子又一鼻子灰，弄不好还会出人命。慎之！

也有的死心眼的学生会因为追求别人被拒绝而产生自杀念头。这种学生比较好发现，因为他们一定会表现得非常伤感、沮丧和茫然，其痛不欲生之状教师稍加注意就能觉察。说些宽解的话，或可救人一命。但若平日师生关系不好，学生则不会说出实情，那就要请心理医生或教育专家来帮忙了。

2. 成绩突然下降

曾经有过辉煌的孩子，如果现在成绩每况愈下，那是非常痛苦的。家长和老师如果再施加压力（比如讽刺挖苦、撤掉班干部等），那就有危险。遇到这种时候，教师和家长应该帮他们找到成绩下降的具体原因和他们的可持续发展实力，使他们有所上升，或者帮他们学会接受现实，或者帮他们另找一条"露脸"的出路。

3. 花钱上重点学校

有些孩子中考成绩很不好，家长心气高，托人花钱硬把他送到一所有名的重点学校。家长的想法很天真，以为那里教师水平高，校风好，周围都是好学生，孩子近朱者赤，就有光明的前途。殊不知孩子到那里学习完全跟不上，总是垫底，同学会瞧不起他，老师也不会有好脸，他会被列入"另册"。这是非常危险的，我认识的一个很可爱的小姑娘，就是这样自杀的。所以我们应该预先劝家长不要做这种事。有些孩子出于虚荣心，也希望家长出钱送自己上名牌校，此时家长一定要清醒，不可死要面子活受罪。重点学校教师遇到此种情况，千万不要歧视他们，要尽可能帮助，实在差得太多的，应劝其转学。

4. 脸皮过薄

人的脸皮固然不能太厚，但也不能太薄。有一种孩子特别敏感，他们的大脑里似乎有个"刺激放大器"，别人满不在乎的贬低或出丑，对他们都是灭顶之灾。有一个女大学生就因为在文艺演出中唱歌走调一句遭到哄笑而自杀。教师平时要多留心，如果发现有脸皮特别薄的孩子，就要多加保护。告诉同学，和他开玩笑要格外注意分寸。这种学生很不适宜当众批评，个别找他谈就能解决问题。

5. 过分自责

有些孩子从小就非常听话，每当不能达到家长和老师要求的时候都会深深自责，觉得自己辜负了他们的期望，对不起家长，对不起老师。遇到这种孩子，教师千万不可赞赏他们的这种自责，因为那会引导他们形成"自我攻击"，而自我攻击到了极点就是自杀。要宽慰他们。

### 6. 极端任性

现在任性的孩子很多，有些任性得很厉害，好像这个世界的一切都得让他满意，稍不满意就大闹起来。这都是家长给惯的。任性到极点的孩子，只要一点小事不顺心就寻死觅活。他就是用这种方式逼迫家长和教师向他让步。这很麻烦。如果教师害怕他出事而不断退让，只能助长他的任性，那是害了他；如果教师坚持原则过于生硬，还真可能出事，到时候家长可就不说自己孩子的毛病了，会咬住学校不放。教育这种学生，要求教师既要坚持原则，又要非常灵活，要特别善于掌握分寸。如果教师发现自己班上有这种学生，应该及时报告学校领导，遇到事情，经过有关人员集体研究再做决定，不可莽撞。

### 7. 无挫折经历，社会化障碍

在温室里长大的花草，见不得风雨。有些孩子被家长娇惯得不成样子，一旦离开家庭，处处无能，经常出丑，活得非常狼狈，情急之下，也有自杀的。报载有一位新大学生就因为宿舍没有空调，连续几天睡不着觉而自杀。又有一位新大学生因为吃不惯学校食堂的饭菜愤而跳楼。这说起来不可思议，然而你查他们的成长史，就能理解了。如果一个孩子生下来就在装有空调的屋子里长大，那么让他突然睡在一间没有空调的屋子里，确实是一件比较严重的事情，要是家长和老师事先没有教给他遇到不顺心的事情有几种解决的办法（多数家长和老师缺乏这种意识，这是大失误。教孩子学会生存，比什么都重要），就可能出问题。所以我们一方面要指导家长不要过分溺爱和娇惯孩子，另一方面要经常告诉学生一些处理棘手问题的思路，使他们不致遇到点事就以为自己陷入绝境了。有些事情其实很简单，但是你不告诉孩子，他就真的不知道怎么办，事到临头他就可能乱来。

### 8. 自我形象危机

青春期的学生，自我形象危机是比较常见的现象。这种危机会给他们带来很大的精神痛苦，如果他们自己不善于排解，又不能及时得到他人帮助，就可能变成心理问题，他们的整个生存状态就会恶化，就可能厌学，辍学，闷在家里不见人，也可能离家出走，甚至可能轻生。说来我们成年人会觉得好笑，引发他们自我形象危机的可能是不大的事情：个子矮，身体胖，鼻子大，扇风耳，嘴不正，皮肤黑，脸形有点歪，男孩子生殖器比别人小，女孩不漂亮，甚至脸上长几个雀斑，都可能使有些孩子觉得没脸见人，觉得自己前途无望，生活没有乐趣。青春期的孩子常常就是这样想事情。关键是我们要及时发现他们的真实想法，发现他们的心结，并进行疏导。如果教师发现学生莫名其妙地成绩下降，毫无道理地乱发脾气，就要考虑他们是否发生了自我形象危机。我个人接触过不少这种孩子，最近碰到的一个是初二的学生。开始我怀疑是师生关系问题，是他的能力问题，或者其他心理问题，最后我才发现，原来是他觉得自己的头型不好看，一边高一边低，所以整天对人发脾气，甚至去五台山旅游不愿回家，大有万念俱灰的架势。这种事情，只要老师暗中找几个同学，有意无意地对他说"你的头型不错呀"，他的这个包袱就可以放下。青春期的孩子，对同龄人的评价是非常敏感的。我接待的另一名高中生就因为同学无意中说了一句他的鼻子大，难看，从此他就每天回家偷偷用一个夹子夹自己的鼻子，几乎把鼻子弄坏了。家长和老师还完全蒙在鼓里，每天跟他说学习的重要性，真是牛头不对马嘴。

### 9. 被人孤立者

有些孩子因为各种原因（家里穷，个人不讲卫生，生理有缺陷，长得不漂亮，不会说好听的话，爱说谎，爱吹牛，爱传话，爱打小报告给老师等等），会受到同学的冷落、嘲笑和孤立。一个同学一旦处于这种地位，甚至可能习惯性地成为全班同学的笑料和出气筒，成为专职的受气包。这样长期下去，也是有危险的，因为这种孩子的生活实在谈不到有什么乐趣。教师发现这种情况，一定要同情他们，主动接触他们，最好帮他们找一两个朋友或保护伞。朋友是防止自杀的重要安全阀。

### 10. 受人欺负者

这种孩子一般比较软弱，长期受某些同学的欺负。如被劫钱、挨打挨骂，又不敢告诉家长和老师，不堪忍受而又找不到出路，也可能自杀。班主任必须及时发现这种情况，给孩子撑腰。

11. 偶尔偷拿钱物者

在学校多次偷拿钱物的孩子，事情败露之后，自杀的可能性很小，因为他们久经考验了。危险的是那些偶然犯这种错误的孩子。如果孩子脸皮并不厚，家长极其严厉，学校处理此事又过于张扬，则危险性更大。我倾向于这类事情尽可能不做公开处理，根据情况，采取适当的方式通知家长，不宜直来直去。

12. "样板"学生

那些老师引以为骄傲的"样板"学生，其实是令人担心的。他们都很要强。有的其实不算聪明，要使出吃奶的力气才能勉强保住自己的地位；即使智力较好，也不可能门门拿手；而各门的老师都对他们提出了最高的要求，只准成功，不准失败。压力太大了，弄不好就要崩溃，因此轻生的学生也是有的。班主任要保护这种孩子，对他们的要求要更合理，要更近人情。如果他们对自己的期望值脱离实际，教师要有梯度地帮他们逐渐降温（注意不可突然泼冷水），让他们面对现实。特别要注意的是不要当众批评他们成绩下降，不要轻率撤掉他们的班干部职务。

13. 与家长关系极其紧张者

教师如果发现学生与家长关系极其紧张，要十分注意，最好问清矛盾所在，适当介入其中加以调节。一般这种情况都是家长有问题，主观生硬，唠叨个没完，或者是存在家庭暴力。孩子在这样的家庭中生活，有时会觉得活着很没意思。如果家长刚愎自用，拒绝反思自我，也可以考虑让孩子暂住在亲戚家，与家长脱离接触。否则每天进行"白刃战"，有些孩子实在受不了，也有轻生的可能。

14. 家中出现突然变故

父母离异，家道中落，家长突然去世，都可能给有些孩子非常沉重的打击。这种打击一般不会使孩子失去生活的勇气，但是如果这时恰巧有其他消极因素加进来（比如成绩下降、班干部职务被撤），那就危险了。对这种孩子教师应该及时关心。教师对学生家中发生的大事，要尽可能知道。

以上我们谈的是造成学生自杀倾向的 14 种可能原因。下面我们来看看还有哪些方法可以帮助我们及时发现学生的自杀征兆。

注意学生的异常表现。本来爱说爱笑的学生突然沉默；本来很少说话的学生突然大说大笑；见同学就躲；没事发愣，发呆，眼睛发直；说一些令人吃惊的话……遇到这些征兆，教师都要加以询问，必要时与家长联系，不可掉以轻心。

建立聊天机制。班主任可以每周或者隔周指定一天的某个时候为聊天时间，告诉学生可以来谈任何问题，教师承诺保密。自杀的孩子在行动之前一般都有"求救"信号，及时发现可以避免。当然，运用这种方法的前提是学生信任和喜欢教师，否则你这样说了他也不会来找你。

还有一种"侦察"方式——语词联想。让全班同学每人随机从词典上找到一个词，然后从这个词随便联想，写出20～30个词。对这些词进行分类研究，可以看出学生的心态。有自杀倾向的孩子，会写出很多灰暗的或者恐怖的词语来。小学高年级以上的学生可以用这种方法。

发现学生有自杀意向怎么办？

不要紧张。有自杀意向离实行自杀尚有段距离。找他谈话。注意不要搞"晓以大义"那一套。孩子自杀，常见原因是觉得自己已无价值，觉得自己已无希望，觉得自己已无可留恋，觉得自己太痛苦。所以谈话的重点是向他证明：你有价值，你有希望，你还有可留恋的人和事物，你的痛苦是有办法减轻的。同时向领导汇报，并用适当的方式通知家长。

经验告诉我们，自杀的学生背后可能会有一个或几个心理不够健康（主要是偏执和强迫症）的教师。这种教师针锋相对地和学生较劲，不知调和，不懂缓和，把矛盾推向极端，终于酿成大祸。所以教师还有一个更重要的任务：提高自身的心理健康水平。

# 第三章　培养"校园专家"

# 第一节　校园专家是做什么的？

我们在本书第一部分说过，可以把问题学生分成三级。一级问题生的问题班主任就可以解决；二级问题生需要交给"校园专家"处理；三级问题生是问题最严重的，学校也解决不了，那就要交给社会工作者、心理医生、公安机关，或者教育系统内的特殊类型学校（不光是工读学校）去教育。有了这样一个系统，就可以大大减轻班主任的负担，使他们能把主要精力用来做多数学生的工作，避免被很多无用功搞得筋疲力尽，妨碍整体教育效果。教师的工作是有边界的，学校工作也是有边界的，片面强调"没有教不好的学生，只有不会教的老师"，片面强调"教育是学校的事"，实际是强人所难，会把老师累垮，把学校拖垮，最后倒霉的还是家庭和社会。这就好像是，明明县一级医院处理不了的病人，偏要留在县一级医院治，最后医院丢脸不算，真正倒霉的还是病人及家属。我们的教育，再也不能用单打一的体制和机制来应对日益复杂的学生了。我们需要有不同类型的学校，不同类型和不同层次的教师，来教育不同类型和不同层次的学生。

校园专家是经过专门培训的人，每所学校至少应该有一个这样的专家。当班主任无能为力的时候，他们就要出马。他们不但要具有一定的心理学、教育学知识，而且要有较丰富的社会经验和教育经验。一旦出现问题，他们会研究，能诊断，有办法，是班主任的好指导员、好参谋、好帮手。

# 第二节　什么人可以做校园专家？

　　学校主管德育的校长、主任、教务处老师、心理咨询老师、主持团队工作的老师，都可以培训成校园专家。年级组长和普通班主任也可以做，但那就必须减轻他们的工作负担，否则会形同虚设。班主任做校园专家，必须是威信高、大家信服的人，否则工作难以开展。

　　以上说的是身份。作为校园专家，还需具备一些性格特点。他们要有悟性，喜欢动脑筋研究问题，而不是热衷于"管理"。他们须能平等待人，能换位思考，能体谅他人，善于做"建议者"而不是"说教者"和"指挥者"。他们不能光有热情和爱心，还应该头脑冷静，遇事不慌，老有主意，总有办法。他们还应该是勤于学习、善于学习，愿意反思的人。

　　培养这样的校园专家说起来很容易，实际上据我们的经验，做起来却相当困难。一定要找合适的人选，要经过认真的个案培训，他们手中要有"医书"，而且要给他们时间和机会锻炼。急于求成，渴望政绩，想立竿见影的校长，不足以谈这个问题。千万不要像很多学校的心理咨询室那样，一哄而起，徒有虚名。要培养一个真能解决问题的人，而不是安排一个人在某个位置上，以便向上级汇报时有的说。

# 第三节 校园专家如何发挥作用？

## 一、指导教师处理个案

班主任已经没有办法了，但是问题还不算太难办，校园专家这时就要扮演"诸葛亮"的角色，帮助教师理清思路，分析问题，诊断问题，开出药方，让教师去做。教师在第一线，校园专家在他们背后，力争不但解决了问题，而且提高了教师的素质。很多教师面对问题束手无策，是因为他们教育观念有毛病，思路不对。校园专家在对具体问题进行指导的时候，一定不要单纯就事论事，要用本书第一章谈到的那些正确理念影响教师，不是就个案说个案，而是就个案说思路。这样，教师处理问题的能力就会增强，束手无策的可能性就会减少，也就可以减轻校园专家的负担。否则，班主任遇到小事也让校园专家出主意，专家将不堪重负，个别班主任则会越来越懒，专家和班主任都将无法进一步提高素质。

校园专家绝不能代替班主任工作。他的工作也是有边界的，他只处理班主任确实处理不了的"疑难杂症"。至于什么样的学生需要交校园专家处理，最好指定某校长或一个鉴定小组认定。

## 二、直接出面处理个案

学生问题再大一点，或者教师和学生已经闹僵，无法正常对话，而问题又需要解决，这时校园专家可以"临床"，直接出面做学生和家长的工作。这是真刀真枪地做，最能检验出校园专家的真实水平。如果此时校园专家的想法、做法不能高出班主任一筹，他作为"专家"是否合格就值得研究了。校园专家不能总是像指挥官一样指挥班主任教育学生，他必须有直接接触学生和家长的机会，这既是对班主任进行"直观教学"，也是提高自身素质所必需。著名的心理学家几乎都是临床医生，道理就在这里。校园专家直接处理个案的时候，还要注意保护班主任的威信，因为归根到底，学生还是要由班主任去教育。校园专家的帮助，只是插曲。

### 三、把问题生集中起来，办学生培训班

在生员基础较差，或者师资力量较弱的学校，每班都会有几个问题生。"一个游鱼三个浪"，他们合闹得整个学校不得安宁。必要的时候，可以把这些问题生按年级集中起来，由校园专家给他们办短期培训班。这样，一方面可以给班主任一个喘息之机，让他们从容巩固班集体的健康力量，培育正面的集体舆论；另一方面，也可以使这些学生受到特殊教育和特殊诊疗，如果弄得好，集体、个人都受益。培训时间少则一周、两周，多则一月、一学期，最后还要把学生送回原班，不过这时他已经有些进步，而他所在班级也变了。培训班的活动和课程设置与正常班不同，侧重于教育而不是教学，但是也争取学些学科知识，少落功课。

这种培训班班主任求之不得，甚至希望问题生走了就再也别回来了。然而办这种培训班对校园专家的专业水平和个人素质要求相当高，一般人不敢接这个活。家长则不一定喜欢，他们会觉得很没面子，而且担心孩子功课上吃亏。所以要办这种班，还要做好家长的工作，或者给培训班一个比较体面的说辞。

这种培训班如果常态化、扩大化，独立办学，就是一种新型学校——绿色学校。

## 四、主持"教育问题研究沙龙"

关于教育科研，我最赞成沙龙的方式。现在很多学校搞的所谓"课题"，或者大而空，或者徒有形式，或者仅仅为专家们"跑腿"，真有实效性的不多。沙龙是自愿参加的，沙龙是有主题的，而且题目小、有案例、贴近实际，这样的讨论，教师收获会大一些。但如果没有人指导，活动没有一定质量，教师沙龙有可能变成"聊天会"甚至"牢骚会"，或者无人问津。校园专家在这里，就成了教育科研的指导者。他的任务是帮助教师梳理思路，反思教育行为，转变观念，找到具体的对策。他是讨论的组织者，是经验的总结者，是教师的高参和朋友。

## 五、给教师举办专题讲座

校园专家也可以给教师作专题报告。注意报告题目一定要是小的专题，例如："学生顶撞老师怎么办？"千万不可空谈师德，空唱师爱。那些"旋律"，应该主要让行政人员去唱。在谈论专业问题的时候，应该用专业的思路和语言，而不要用道德鼓动性的语言。本书的各个专题，即可作为校园专家讲座的参考资料。

## 六、给家长举办专题讲座

目前给家长的讲座，冷静研究小专题（从问题出发，例如"不听讲"、"不写作业"、"马虎"、"磨蹭"、"亲子关系紧张"）的比较少，山说海说的比较多。家长会上，校园专家不妨尝试讲讲小专题。一个学期讲一个专题，家长当有具体的收获，比泛泛地谈什么"爱"、"民主"、"沟通"、"赏识"、"棒棒棒，你真棒"要切实得多。